W0047769

Tel.: 01805 / 30 99 99
(0,14 Euro/Min., Mobil max. 0,42 Euro/Min.)
www.buchredaktion.de

Dr. oec. Klaus Blessing

Geboren 1936 in Liegnitz, 1958 Abschluss als Dipl. Wirtsch. an der Karl-Marx-Universität Leipzig, betriebswirtschaftliche Tätigkeit in metallurgischen Betrieben und Kombinaten der DDR; 1970 Abteilungsleiter, ab 1980 Staatssekretär im Ministerium für Erzbergbau, Metallurgie und Kali. Promotion an der Bergakademie Freiberg zum Dr. oec., 1986–1989 Abteilungsleiter Maschinenbau und Metallurgie im ZK der SED; Autor mehrerer politischer Sachbücher u.a. »Ist sozialistischer Kapitalismus möglich?« (2003) »Die Schulden des Westens« (2010) und »Joachim Gauck. Der richtige Mann?« (2013), Publizist in mehreren Tageszeitungen.

Dipl.phil. Manfred Manteuffel

1934 in Danzig geboren. 1950–1952 Lehre als Stahlschiffbauer in Wismar. 1953–1956 Studium an der Ing.-Offz.-Schule der Seestreitkräfte, Fachrichtung Schiffsmaschinenbetrieb. Einsatz als Ingenieur auf Schiffen der Volksmarine. 1972–1975 Studium der Philosophie an der Ernst-Moritz-Arndt-Universität Greifswald. Abschluss als Dipl-phil. 1977 Besuch des Lehrgangs Führungskräfte an der Militärakademie Dresden. 1984 als Fregattenkapitän a.D. aus der Volksmarine ausgeschieden. 1984–1990 Referent für Kirchenfragen beim Rat der Stadt Rostock. Zuletzt: »Joachim Gauck. Der richtige Mann?« (2013)

KLAUS BLESSING

MANFRED MANTEUFFEL

JOACHIM GAUCK.
DER FALSCHE MANN?

Neue Fakten und Merkwürdigkeiten
Eine Dokumentation

edition berolina

ISBN 978-3-95841-012-1

1. Auflage
© 2015 by BEBUG mbH / edition berolina, Berlin
Druck und Bindung: GGP Media GmbH, Pößneck

BEBUG mbH / edition berolina
Alexanderstraße 1
10178 Berlin
Tel. 01805/30 99 99
(0,14 Euro/Min., Mobil max. 0,42 Euro/Min.)

www.buchredaktion.de

Inhalt

Vorwort zu unserem zweiten Buch
über Joachim Gauck

Im Herbst 2013 ist unser erstes Buch über Joachim Gauck unter dem Titel »Joachim Gauck. Der richtige Mann?«[1] erschienen. Im Gegensatz zu den bis dahin publizierten Selbstdarstellungen, Biografien und der manipulierten Meinungsbildung in den meisten Massenmedien hatten wir uns zum Ziel gesetzt, die schwarzen Flecken auf der angeblich weißen Weste des Hochgelobten aufzuzeigen. Das Buch hat bis heute acht Auflagen erreicht und eine breite Zustimmung, nicht in den Massenmedien, aber bei vielen Bürgerinnen und Bürgern, besonders im Internet, gefunden. Anerkannt wurde, dass wir uns in unseren Aussagen auf unwiderlegbare Dokumente und Zeitzeugen gestützt haben. Trotz unserer Enthüllungen repräsentiert Joachim Gauck bis heute als Bundespräsident dieses Land.

Die meinungsbestimmenden Medien und vom Präsidenten privilegierte Biografen überschlagen sich nunmehr mit Lobeshymnen über die Würde der Amtsführung und die Liebe des Volkes zum ersten Mann im Staate. Der Aufschrei großer Teile dieses Volkes besonders über seine Kriegshetze und die Verunglimpfung Russlands sowie seine Lebensführung werden dagegen nicht thematisiert.

Wir haben unsere Aufgabe in diesem zweiten Buch darin gesehen, diesen Stimmen Ausdruck zu verleihen. Dabei bleiben wir unseren Grundsätzen aus dem ersten Buch treu. Wir publizieren nur, was wir dokumentarisch oder durch Zeugen beweisen können. Das bezieht sich sowohl auf die politische Tätigkeit als auch die Aussagen zur Person. Gerade zu Letzterem liegen

---

1 Klaus Blessing/Manfred Manteuffel: »Joachim Gauck. Der richtige Mann?«, edition berolina, 2013

uns eine Vielzahl weiterer Informationen aus der Bevölkerung Rostocks und Umgebung vor. Das zeigt uns, dass das, was wir wissen nur einen Teil der Merkwürdigkeiten umfasst. Wir wollen uns aber auch nicht ins Reich der Spekulationen begeben.

Wir hoffen, dass der unvoreingenommene Leser in unserem zweiten Buch erneut wertvolle Informationen über das Wirken des ersten Mannes im Staate erfährt, die nicht der öffentlich gesteuerten Meinungsbildung entsprechen. Wir wünschen, dass immer mehr Bürger sich dessen Amtsführung widersetzen.

Zeuthen/Rostock im Januar 2015
Die Autoren

Halbzeit des »vom Volk geliebten paradiesischen« Präsidenten

Unser Bundespräsident hatte bereits »Halbzeit«. Die bürgerlichen Medien feierten ihn überschwänglich als »Vom Volk geliebt« (Die Zeit 32/2014). Andere priesen ihn als »Staatsoberhaupt, auf das die Bürger stolz sind« (Tagesspiegel 18.9.2014). In der neuesten Gauck-Biografie ist er sogar »der Traum vom Paradies«.[2] Nunmehr wird sein 75. Geburtstag glorifizierend vorbereitet. In der SUPERillu (05/2015) meint der Kolumnist Hugo Müller-Vogg, den Repräsentanten »mit einer Mischung aus Würde und Volksnähe« gefunden zu haben.

Der »geliebte paradiesische Präsident« huldigt dem Volk – Bürgerfest Schloss Bellevue

---

2   Johann Legner: »Joachim Gauck – Träume vom Paradies – Biografie«, C. Bertelsmann, 2014

Der Autor vom »Traum vom Paradies« berichtet: »Im Mai 2012 begann ich meine Arbeit als Korrespondent einer Nachrichtenagentur in Washington. Vor meiner Abreise hat Joachim Gauck zusammen mit Daniela Schadt meine Familie im Schloss Bellevue geradezu fürstlich empfangen und sich dafür viel Zeit genommen. ... Ich habe ihn von 1990 bis 2012 immer wieder und oft privilegiert beobachten dürfen. Zuweilen war ich fast schon ein Vertrauter.«[3]

Es ist wie beim autobiografischen Vorgänger.[4] Der Herr Präsident hat eine große Zuneigung zu seinen Biografen, verwöhnt sie geradezu. Das ist sicher die beste Grundlage für objektiven, kritischen Enthüllungsjournalismus! Wenn schon die derart gehätschelten Journalisten darin nichts Verwunderliches erkennen, sollten es doch wenigstens die geschätzten Leser tun. Erfreulicherweise sind wir noch nicht zum Lunch beim Herrn Präsidenten geladen worden.

Die neueste Biografie übertrifft denn die bisherigen noch an Kriecherei und Anbiederung – obwohl das durchaus schwierig war. Kostproben: »Wie noch keiner seiner Vorgänger wurde er von einer großen Anzahl der Bürger in sein Amt gewünscht. Dass er der Präsident der Herzen ist, war keinesfalls nur Propaganda. Der Mann an der Spitze des Staates, dieser zwar ergraute, aber doch sehr lebendige **Traum vom Paradies**.« »Geliebter Herzenspräsident« reicht dem Biografen nicht mehr, wir nähern uns jetzt dem Paradiesischen. Alle irgendwie kritischen Sichtweisen auf diesen Erhabenen werden völlig ausgespart. Alles wird eben paradiesisch verklärt. Endlich liefert der Autor auch die Begründung, warum dieser Paradiesische Präsident wurde: »Und weil nach den Lasten der Vergangenheit keiner so

---

3   a. a. O. Seite 351
4   Mario Frank: »Gauck – Eine Biographie«, Suhrkamp, 2013

gut wie er die Botschaft verkünden kann, dass die Deutschen jetzt **alle im Glück angekommen sind,** wird er folgerichtig ihr Präsident.« (Hervorhebung d. A.)[5]

Wie sehr der paradiesische Präsident von den stolzen Bürgern geliebt wird, zeigt die Reaktion im Internet auf die Lobpreisungen.

Die Wochenzeitschrift »Die Zeit« Nr. 32/2014 veröffentlichte einen umfangreichen Artikel unter dem Titel »König Jochen«. Der Untertext lautet: »Das Volk liebt ihn. Sogar seine Gegner geben zu, dass er Menschen für sich einnehmen kann. Joachim Gauck hat etwas vor mit seinem Land: Er will Deutschland nicht nur repräsentieren – er will ihr Erzieher sein.«[6]

Das ihn so sehr liebende Volk meldet sich im Internet zu Wort. Es werden 57 Meinungen (Stand 3.Oktober 2014) zum Artikel veröffentlicht. Davon sind bei gutwilliger Auslegung 3 (!) pro Gauck, alle anderen contra, einige davon offensichtlich so stark, dass sie zwar erwähnt, aber nicht veröffentlicht wurden. Die liebende Zustimmungsquote beträgt demnach also 3/57 = 5,2 Prozent!

Hier einige Originalstimmen (Nummern gemäß Nummerierung im Internet).

2. Das Volk liebt ihn? Diese Lobeshymne auf den Bundespräsidenten ist ja unerträglich…Für mich ist Herr Gauck mit seiner oberlehrerhaften Art keineswegs ein Vorbild und erst recht nicht jemand, den ich liebe.

41. Trotz aller Bemühungen der Medien, die Herrn Pastor Gauck in den höchsten Tönen loben, gibt es nach meiner Kennt-

---

5   a. a. O. Seite 12
6   www.zeit.de/2014/32/joachim-gauck-bundespraesident-deutschland-portraet/

nis kein Forum, in dem er nicht grottenschlecht abschneidet. Das ist auch kein Wunder, denn wer will sich z. B. anhören, dass wir aufrüsten und »dem Russen« Kante zeigen sollen. Das ist so daneben, da bleibt einem die Spucke weg. Alte Männer, Pfarrer zumal, die kriegerisch auftreten, braucht kein Mensch. Er ist halt so sympathisch wie die politischen Kräfte, die ihn ausgesucht haben. Ne Bürgerinitiative, die ihn um Rücktritt bittet, wäre notwendig.

43. Ein vom Volk geliebter Gauck. Auweia, wer soll Ihnen denn das glauben. Sie selber werden es nicht tun, da bin ich mir sicher. Es gibt in der Geschichte nicht einen Präsidenten der derartig umstritten ist, wie dieser Herr Gauck, meine ich. Lassen sie ihn seine 2. Amtszeit doch vom Volk bestätigen, dann wissen Sie auch, wovon ich hier schreibe. Ein Ex-Pfarrer, der nur dominieren will, wie ein böser Gockel auf dem Hof. Er weiß alles, er kann alles. Er versündigt sich am russischen Präsidenten Putin, als deutscher Bundespräsident, ohne jedes Taktgefühl, sich wohl beschützt fühlend, von den USA. Er hat viel zerstört, hat Deutschland in Misskredit gebracht, mit Frau Merkel zusammen. Sehen Sie das nicht, oder wollen Sie es nicht sehen? ... Herr Gauck hat das Bundespräsidentenamt verkommen lassen, zu einem Erfüllungsgehilfen der USA, im Sinne des vorauseilenden Gehorsams.

Wir teilen diese Meinungen und haben die unsrige in unserem ersten Buch »Joachim Gauck. Der richtige Mann?« mit Fakten unterlegt deutlich ausgedrückt. Auf unsere Titelfrage hatten die Leser und Diskussionsteilnehmer durchaus unterschiedliche Antworten. Es gab nicht wenige Bürgerinnen und Bürger, die z. B. meinten: »Ja, Joachim Gauck ist durchaus der richtige Mann für dieses Amt.« Gauck ist die Speerspitze eines deutschen Staates, der zunehmend den Interessen des Kapitals dient und deshalb großdeutsche Weltpolitik betreiben muss. Diese Auffassung ist nicht unbegründet.

In diesem Land leben und arbeiten – oder auch nicht – aber auch viele Millionen ehrliche und anständige Bürger, die vor allem eines wünschen: Frieden, Arbeit und gute Nachbarschaft mit anderen Völkern. Diese Millionen vertritt der amtierende Bundespräsident nicht. Deshalb meinen wir: »Joachim Gauck – der falsche Mann!« Diese Auffassung werden wir in unserem neuen Buch wiederum mit Fakten und Dokumenten belegen und weitere Enthüllungen hinzufügen.

Warum haben wir überhaupt einen Bundespräsidenten Joachim Gauck?

Ein Präsident der Bundesrepublik Deutschland hielt vor Größen der Weltwirtschaft eine bemerkenswerte Rede. Der Präsident hieß **Christian Wulff**. Seine Rede fand am 24. August 2011 vor Wirtschaftsnobelpreisträgern in Lindau am Bodensee statt. Die Rede war dem Amtseid und der Verantwortung als Bundespräsident entsprechend: Schaden vom Deutschen Volke abwenden. Es lohnt sich, daraus umfänglicher zu zitieren:

»Auf dem Deutschen Bankentag hatte ich den Finanzsektor bereits gewarnt. Wir haben weder die Ursache der Krise beseitigt, noch können wir heute sagen: Gefahr erkannt – Gefahr gebannt. Wir sehen tatsächlich weiter eine Entwicklung, die an ein Domino-Spiel erinnert: Erst haben Banken andere Banken gerettet, dann haben Staaten vor allem ihre Banken gerettet, jetzt rettet die Staatengemeinschaft einzelne Staaten. Da ist die Frage nicht unbillig: Wer rettet aber am Ende die Retter? Wann werden aufgelaufene Defizite auf wen verteilt beziehungsweise von wem getragen? ... Politik mit ungedeckten Wechseln auf die Zukunft ist an ihr Ende gekommen. Was vermeintlich immer gut ging – nämlich neue Schulden zu machen – geht eben nicht ewig gut. Es muss ein Ende haben, sich an der jungen Generation zu versündigen ... Statt klare Leitplanken zu setzen, lassen sich Regierungen immer mehr von den globalen Finanzmärkten treiben ... Dies trifft die Demokratie in ihrem Kern ... Politik muss ihre Handlungsfähigkeit zurückgewinnen. Sie muss sich endlich davon lösen, hektisch auf jeden Kursrutsch an den Börsen zu reagieren. Sie muss sich nicht abhängig fühlen und darf sich nicht am Nasenring durch die Manege führen lassen, von

Banken, von Ratingagenturen oder sprunghaften Medien. Politik hat Gemeinwohl zu formulieren, mit Mut und Kraft im Konflikt mit Einzelinteressen... Wir Deutsche sollten nicht zulassen, dass ein geschöntes Bild der Kräfte des geforderten Retters gezeichnet wird, auch wenn es unsere eigene Eitelkeit pflegen mag... Es ist ein großes Missverständnis, Solidarität allein an der Bereitschaft zu messen, andere finanziell zu unterstützen... Wir müssen offen und ehrlich Knappheiten benennen, da die Dinge dieser Welt nicht im Überfluss vorhanden sind... Das gilt auch für unseren Umgang mit den Ressourcen der Natur und einem Lebensstil, der von immer mehr Menschen weltweit angestrebt wird.«

Vorangegangen war bereits eine Rede am 5. April 2011 beim XIX. Deutschen Bankentag, die von einem verantwortlichen deutschen Politiker wohl ihresgleichen sucht: »Es war ein Fehler, den Kapitalverkehr und die Kapitalmärkte global zu regulieren und zu liberalisieren, ohne zuvor einen funktionierenden globalen Ordnungsrahmen geschaffen zu haben... Die Haftung muss beim Unternehmen bleiben. Dazu gehört auch, dass Unternehmen scheitern können. Dieses Grundprinzip dürfen wir nicht aushebeln, auch nicht im Bereich der Finanzwirtschaft und der Banken... Die Leitplanken für das Finanzsystem müssen wieder von der Politik gesetzt werden... Ich muss auch die Banken für den Zusammenhalt der Gesellschaft in die Verantwortung nehmen. Und natürlich gehört an diese Stelle auch die Frage der Angemessenheit der Vergütung... Mir und anderen fällt es schwer zu verstehen, warum es in der Finanzwirtschaft möglich ist, so hohe Vergütungen zu zahlen, ohne entsprechend an den Risiken beteiligt zu sein... Es geht auch darum, klar zu sagen, dass es in einer globalisierten Wirtschaftsordnung nicht sein kann, dass es Gruppen in unserer Gesellschaft gibt, die den Eindruck vermitteln, in abgehobenen Parallelwelten zu leben. Und die ihre Ansprüche aus einer vermeintlich hohen Wertschöpfung ableiten, die am Ende keine ist und der gesamten Volkswirtschaft schadet. Für den Banken- und Finanzsektor heißt dies: Die Zeit unverhältnismäßiger Gewinne und schneller Profite ist vorbei und darf so nicht zurückkommen.«

Das war zu viel! Mut und Verantwortung vor dem deutschen Volk wurden – auch von diesem – nicht honoriert. Die Reden hatten das Finanzkapital und die ihm hörigen Politiker ins Mark getroffen. Die Gefahr war real, dass ein deutscher Bundespräsident auch juristisch nicht alles mittragen würde, was das Finanzkapital der Politik vorschrieb. Es musste gehandelt werden. Bundespräsident Wulff wurde auf höchst unnoble Weise durch die dominierenden Massenmedien aus dem Amt und Schloss Bellevue gemobbt. Am 12. Dezember 2011 – also gerade gut ein halbes Jahr nach der Bodenseerede – begann das Mobbing. Die BILD-Zeitung beginnt mit der Veröffentlichung von Einzelheiten eines Privatkredites und wirft die Frage auf, ob Wulff den Landtag angelogen habe. Die Jagd ist eröffnet, keines der »renommierten« Medien will zurückstehen, es könnte dem Umsatz schaden. Keine Unterstellung war zu kleinlich, primitiv und schmutzig, um sie nicht gegen Christian Wulff und Ehefrau Bettina verwenden zu können. Das Ergebnis ist bekannt: Präsidentschaft adé, Ehe kaputt, von den Anschuldigungen nichts übrig geblieben.

Nicht einmal letztlich verbliebene 753,- Euro für Hotel, Essen und Babysitter hielten einer gerichtlichen Prüfung stand! Wulff schreibt: »Von der angeblichen Vorteilsnahme in Höhe von 753,90 Euro waren in acht Verhandlungstagen 613,90 Euro widerlegt, es blieben 140,00 Euro – zweimal »Mindestverzehr«

für meine Frau und mich auf dem Oktoberfest. Die Frage war, ob wir diesen Betrag wirklich verzehrt hatten und ob dieser Verzehr »sozialadäquat« war. ... Der Tenor des 76-seitigen Urteils ist entsprechend eindeutig: Der Angeklagte Wulff wird freigesprochen.«[7] Nun arbeitet Frau Merkel offenkundig an der politischen Rehabilitierung des zu Unrecht Verstoßenen.

Politische Zusammenhänge sieht Wulff jedoch nicht. Ob das auch nobel oder vielmehr Feigheit vor der politischen Auseinandersetzung ist, möchten wir nicht beurteilen. Fakt ist jedoch, dass Wulff in seinem Buch »Ganz oben – ganz unten« zwar das Ränkespiel zwischen Medien, Politik und Staatsanwaltschaft minutiös entlarvt, aber politische Hintergründe nicht nur nicht aufhellt, sondern schlichtweg bestreitet. Er schreibt: »Das Bundespräsidialamt hatte jedenfalls alle Hände voll damit zu tun, abzuwiegeln und zu betonen, dass ich mit meiner Kritik an der EZB nicht auf Distanz zu Frau Merkel gegangen sei, meine Einstellung hierzu sei der Bundeskanzlerin bekannt. Der Widerstand, der mir wegen meiner kritischen mahnenden Worte zur Finanzkrise aus Bankkreisen entgegenschlug, war so ungewöhnlich heftig, dass manche Netzaktivisten später sogar meinen Rücktritt damit in Verbindung bringen wollten, aber für solche Verschwörungstheorien fehlen mir die Sensoren«[8].

Ihm fehlen entgegen früheren Äußerungen inzwischen auch die Sensoren für Zweifel an seinem Nachfolger. Hatte er noch nach seinem Freispruch gemeint, dass er auch heute noch »der richtige Präsident« ist – in offenkundiger Anspielung auf unser ihm bekanntes Buch –, so erklärt er jetzt: »Ich glaube, die Menschen haben heute das Gefühl, dass sie den Richtigen haben.« Woher der schnelle Sinneswandel? Welche Kräfte waren am Werk,

---

7   Christian Wulff: »Ganz oben – ganz unten«, C.H. Beck, Seiten 253 und 256
8   a. a. O. Seite 100

um innerhalb kürzester Zeit einen Meinungswechsel um 180°
durchzuführen?

In diesem Zusammenhang taucht auch immer wieder die
Frage auf, warum denn Angela Merkel nach ursprünglicher Ablehnung plötzlich diesen Schwenk vollzogen hat. Und nun wollen wir nicht ungerecht sein. Im »paradiesischen Buch« gibt es
auf 383 Seiten doch einen Satz, den man beachten könnte: »Ob
persönliche Angelegenheiten bei ihrer (Merkels) Einschätzung
von Gauck eine Rolle gespielt haben, mag dahingestellt sein –
Merkel jedenfalls war spätestens nach einem unzutreffenden
Zeitungsbericht über eine angebliche IM-Tätigkeit ihres Vaters
darüber unterrichtet, dass Gauck die Familienakten kannte – in
diesem Fall angesichts der öffentlichen Debatte auch kennen
musste. Sie selbst hatte ja nur ihre eigene Akte eingesehen.«[9]
Der Herr Gauck saß dagegen zwei Tage (2. und 3. August 1990)
allein über den Akten der Staatssicherheit.

Der Spiegel kommt inzwischen zu der Erkenntnis, dass
Gauck »Merkels Gehilfe« ist[10]: »Inzwischen hat sie erkannt, dass
die Bürger in Gauck eine Ergänzung zu ihrem etwas freudlosen
Pragmatismus sehen … Gauck ist die bessere Option, aber ohne
Anspruch, die Macht am Ende auch zu übernehmen … Er ge-
nießt die Rolle als Bundespräsident so sehr, dass er gar nicht auf
die Idee kommt, Merkel ihre Macht zu missgönnen … Er ist jetzt
Angela Merkels Präsident geworden … Ihm nutzt ihre Stille, um
besser gehört zu werden. Sie braucht ihn, um weiter in Ruhe re-
gieren zu können.«

Dieser »richtige« Präsident der Bundesrepublik hielt vor deutschen Finanzakteuren auch eine Rede. Diese Rede von **Joachim**

---

9 Legner a. a. O., Seite 281
10 Der Spiegel 46/2014

Gauck fand am 9. April 2014 vor den Bankern Deutschlands statt. Sie ignorierte den Amtseid und war stattdessen geprägt vom Anbiedern an das deutsche Finanzkapital mit dem Ziel, nicht Schaden vom deutschen Volk, sondern vom Kapital und vor allem von sich selbst abzuwenden. Es lohnt sich eigentlich nicht, daraus zu zitieren:[11]

Einige Banken und einige Mitarbeiter haben sich eine Menge zu Schulden kommen lassen ... Manches Geschäft war ethisch fragwürdig, manches Risiko auch unvertretbar hoch. Falsche Anreize im Bonussystem, übersteigerte Gewinnansprüche, verantwortungsloses Verhalten zu Lasten Dritter – da war viel fehlgeleitete Kreativität im Spiel ... Zugleich habe ich den Eindruck, dass auch die Kritik an diesen Zuständen manchmal das Kind mit dem Bade ausschüttet. Sie schlägt bisweilen um in eine ganz allgemeine Skepsis gegenüber der Marktwirtschaft. Da werden Wettbewerb und Freiheit für das Problem gehalten, und nicht deren Missbrauch. Das halte ich für fatal ... Der Bürger, er hat durchaus auch eine Holschuld. Wer die Quellen unseres Wohlstandes verstehen, wer persönliche Chancen nutzen und Risiken einschätzen will, der muss sich informieren und in Finanzfragen kompetenter werden.

Die belobigten Banker dürften ob so viel Einfalt, Mitgefühl und Verständnis für ihre schwierige Lage aus dem Lachen kaum heraus gekommen sein. Bundespräsident Gauck residiert deshalb immer noch, nebst Geliebter – von Bürgern wird häufig auch ein anderer Begriff aus der Zeit Ludwigs des XIV. oder Augusts des Starken verwendet – von den Massenmedien hoch gepriesen in Amt und Schloss.

Wir sahen uns in der Erstfassung unseres Buches veranlasst, Fakten und Dokumente zu veröffentlichen, die Anlass genug gewesen wären, diesen Zustand zu ändern. Falsche Aussagen

---

11   Alle Originalzitate von Gauck setzen wir in Sperrschrift

unter Eid und vor Gericht, unbewältigte braune Vergangenheit, Verschweigen und Verdrehungen in seiner Biografie, unwürdige Lebensführung reichten jedoch nicht aus, um Politiker und Medien zu einer Änderung ihrer Position zu bewegen. Im Gegenteil: Die Hauptmobbing-Zeitung fühlte sich zu der Fragestellung veranlasst, ob wir es nicht mit »dem besten Präsidenten aller Zeiten« zu tun hätten.

Mit dem neuen Buch fördern wir weitere Tatsachen aus der Vergangenheit und Gegenwart des so hoch Gelobten zutage. Dabei sind wir uns durchaus bewusst, wie Politik und Massenmedien auf unsere dokumentierten Enthüllungen reagieren. Die Reaktion auf die erste Ausgabe unseres Buches war bezeichnend für den Zustand der Gesellschaft. Die meinungsbildenden Massenmedien schweigen oder verleumden, im Internet macht sich eine große Welle breit, die an Deutlichkeit vielfach unsere Aussagen überbietet.

Wie wurde unser Buch »Joachim Gauck. Der richtige Mann?« wahrgenommen?

Als wir unser Buch in die Öffentlichkeit brachten, war uns klar: Entweder es wird komplett verschwiegen oder es erfolgt keine sachliche Auseinandersetzung zu den Dokumenten und Fakten, sondern eine Verleumdung der Autoren. Genau so ist es eingetreten. Keines der Massenmedien konnte sich zu einer sachbezogenen Rezension aufraffen, obwohl wir das Buch vielen zugestellt hatten. Bemerkenswert ist vielmehr eine andere Reaktion. Monate nach dem Erscheinen unserer Publikation erschien eine Gauck-Biografie von Mario Frank auf dem Büchermarkt.[12] Gierig stürzten sich die Medien auf diese, einige priesen sie sogar als die »einzig authentische« biografische Darstellung. Vielleicht deshalb, weil Herr Frank nach Presseberichten an die zehnmal mit dem Biografierten auf dessen Wunsch Gespräche geführt hat. Der Biograf fühlte sich darüber offensichtlich sehr geehrt. Warum wohl wollte der Herr Präsident ständig über den Inhalt und Fortschritt an seiner Biografie informiert sein? Ein Schelm, wer Böses dabei denkt? Im Übrigen: Wir hatten dem Suhrkamp-Verlag vorgeschlagen, eine offene Diskussion über beide Bücher zu führen. Termine waren schon in Abstimmung. Dann kam eines Tages eine E-Mail aus dem Hause Suhrkamp an die Initiatoren: »Haben Sie vielen Dank für das Gespräch neulich und auch die mail. Ich habe sie nun an den Autor weitergeleitet und er kann leider nicht daran teilnehmen. Es tut mir leid, dass ich Ihnen keine anderen Nachrichten geben kann!«

Interessant war auch eine andere mediale Erscheinung. Mit der Lobhudelei auf die »einzig wahre« Gauck-Biografie kamen bestimmte Medien nun nicht mehr umhin, festzustellen, dass

---

12 Mario Frank: »Gauck – eine Biografie«, Suhrkamp, 2013

es da auch noch eine andere Publikation gab. Der »**Tagesspie-gel**« resümiert[13]: »Dass Klaus Blessing und Manfred Manteuf-fel in Gaucks Wesen nur Selbstsucht und Unaufrichtigkeit se-hen: geschenkt. Beide Autoren beurteilen Gaucks Person und seine Befähigung zum Präsidenten aus der Sicht derjenigen Ver-antwortungsträger des DDR-Systems, die Gauck als Kopf der Stasi-Unterlagenbehörde nach dem Ende der DDR ans Licht der Öffentlichkeit gezerrt hat. Betroffene mithin, deren lautere und aufklärerische Motive in Zweifel gezogen werden dürfen«. Da ist sie, die erwartete Verleumdung der Autoren und das Kneifen vor der Wahrnehmung der bewiesenen Fakten!

Jedoch: »Ans Licht der Öffentlichkeit« mussten wir Autoren nicht gezerrt werden, und von Herrn Gauck schon gar nicht. Wir haben nämlich nichts zu verbergen, im Gegensatz zu Herrn Gauck.

ZEIT ONLINE geht ein Stückchen weiter.[14]

»Joachim Gauck. Der richtige Mann? 2013«

Wer hat's geschrieben? Klaus Blessing, geboren 1936, einst Abteilungsleiter Maschinenbau im ZK der SED, sowie Manfred Manteuffel, einst Kapitän der Volksmarine.

Worum geht's? Alle anderen Bücher zeichnen »ein völlig einseitiges Bild« liest man. Der Präsident stehe in Wahrheit für »Kommunistenhatz«. Seine Autobiografie: «Selbstbeweih-räucherung«. Seine Rede von der Freiheit: »ein marktwirksam hochgejubelter Vortrag«. Ja, diese vorliegende Biografie werde auf alle Zeiten (haben wir nicht geschrieben, Anm. d. Autoren) »offenkundige Verdrehungen und Unterlassungen in den be-stellten Biografien aufdecken und ... richtigstellen.« Denn es sei

13 Antje Sirletschtov: »Der Präsident und sein Ego«, Tagesspiegel 2.10.2013

14 www.zeit.de/2013/42/mario-frank-joachim-gauck-biografie

eine Zumutung, »den Tiraden, Verdrehungen und hohlen Phrasen zu folgen«, die Gauck von sich gebe.

Und worum geht's sonst? Gauck habe Stasi-Kontakte gesucht und »persönliche Vorteile erreicht« – selbst später aber einstige Stasi-Mitarbeiter »erbarmungslos gejagt«, »ehrenwerte Menschen ... zum Selbstmord getrieben«. Gaucks Vater übrigens sei nicht zu Unrecht von Sowjets verschleppt worden (das haben wir so nicht geschrieben, denn Gaucks Vater ist nicht verschleppt, sondern verurteilt worden, Anm. d. Autoren), sondern »rechtskräftig verurteilt«, wegen Spionage für ausländische Mächte, konterrevolutionäre Tätigkeit und antisowjetische Propaganda«. Zuletzt: »in diesem gepriesenen ›Rechtsstaat‹«, dem deutschen, »kann gelogen und betrogen werden, dass sich die Balken biegen«. Wer wüsste das besser als die beiden Autoren!«

Danke! Wenn man von den pflichtgemäßen Entstellungen absieht, war das eine bemerkenswerte Zusammenfassung der Schwerpunkte unseres Buches. Die Wirkung trat augenblicklich ein. Die Bestellungen beim Verlag schnellten in die Höhe.

Die bemerkenswertesten Reaktionen traten jedoch im Internet auf. Wir bringen einige Leserstimmen zum Buch. Zunächst: es gibt ganz wenige Stimmen, die in den Tenor der Presse einfallen. Exemplarisch dafür folgende E-Mail:

Sehr geehrter Herr Dr. Blessing,
Ich habe Ihr Buch <Joachim Gauck , der richtige Mann > gelesen.
Ich halte ihn auch nicht für den richtigen Mann, schon bevor ich Ihr Buch gelesen habe.
Allerdings wäre Ihr Aufschrei glaubwürdiger wenn er nicht von einem Mann käme der zur
führenden Elite eines Regimes gehörte, das es auch mit der Wahrheit und Freiheit seiner
Mitbürger nicht so genau genommen hat, um es einmal ganz human auszudrücken. Es mag sein,
dass Gauck ein notorischer Antikommunist ist, aber ebenso kann man Ihnen vorhalten, dass Sie
ein notorischer Kommunist geblieben sind, der offensichtlich auch aus der Vergangenheit nichts
gelernt hat.
Ihre Anschuldigungen wären daher wirkungsvoller, wenn sie von jemandem erhoben würden, der
auch seine eigenen Vergangenheit kritischer betrachtet.
Ich vermute deshalb, dass Ihrem Buch nicht der gewünschte Erfolg beschieden sein wird.
Wir werden Herrn Gauck wohl mindestens 5 Jahre ertragen müssen.
Mit freundl. Gruß
▓▓▓▓▓▓

Die Antwort:

Sehr geehrter Herr ▓▓▓▓▓▓
niemand kann sich seine Vergangenheit aussuchen, die Frage ist, wie er damit umgeht. Ich
bekenne mich ausdrücklich zu ihr, verschweige und beschönige nichts - habe mir als
Wirtschaftsfunktionär allerdings auch keine Unwahrheiten oder Unfreiheiten gegenüber den
Mitbürgern zu Schulden kommen lassen, sondern für ein ökonomisch und sozial besseres
Deutschland mitgekämpft - mit und ohne Erfolg und durchaus auch kritisch zur damaligen Zeit.
Recht gebe ich Ihnen allerdings, dass ein kritisches Buch über den Herrn Gauck, der es mit
Vergangenheit und Wahrheit nicht so genau nimmt - um es auch nur ganz human auszudrücken
- von einem "neutralen" Autor besser gewesen wäre. Den gibt es aber offenkundig nicht, alle
anderen Gauck-Biografien sind leider schmeichlerische Hofberichterstattung. Also mussten wir
ran. Ich wurde übrigens schon oft gefragt, warum ich mir das angetan habe. Antwort: Erst nach
Kenntnis aus den Recherchen über den Herrn G. kam ich zur Überzeugung, dass diese
Erkenntnisse an die Öffentlichkeit mussten. Im übrigen: Wenn noch nicht erfolgt, rufen Sie doch
mal mein Interview zu dieser Thematik auf www.klaus-blessing.de auf. Vielen Dank für Ihre
Zuschrift und alles Gute - Klaus Blessing

Der weitaus überwiegende Teil der Meinungen teilt jedoch ausdrücklich unsere Auffassung oder geht über diese hinaus. Hier
einige Auszüge:

Bei **»amazon«** kann man lesen: [15]

»Die Autoren bemühen sich, offenbar mit Erfolg, »Inhalte«
ans Licht zu bringen, die so gar nicht in das offizielle Bild pas-
sen, sehr interessant! – Quapil, Günther

---

15 www.amazon.de/Joachim-Gauck-Der-richtige-Mannn

Sehr sachlich und immer belegt, wird die Zwiespältigkeit der Person Gauck dargestellt ... Gut begründet, recherchiert und mit Aussagen von glaubwürdigen Zeitzeugen versehen. Sollten alle lesen, die sich für die politischen Prozesse in Deutschland interessieren, unabhängig vom konkreten politischen Standpunkt. – Kindle-Kunde

Das Buch klärt wirklich alles über Gauck auf und es ist für jeden Bundesbürger normalerweise eine Pflicht es zu lesen. – Wilfried Martens

Gut, dass es dieses Büchlein gibt, sehr gut sogar. Gerade in 5. Auflage erschienen.[16] Demaskierung. Ein Wesen wird demaskiert. Genau das findet hier komprimiert, ohne viel Wenn und Aber faktenreich statt ... Nie zuvor war das Amt des Chefs der größten, schönsten, überheblichsten Bundesrepublik der Welt so überflüssig wie aktuell mit der Besetzung dieser hohlen, viel redenden und nichtssagenden Person.- Onkel Uhu

Gute Recherche, faktengebundene Darlegung, ständiges Bemühen um Objektivität. Erstaunlich bzw. traurig, dass der »Titelheld« dieses Buches in unserem Staat das höchste Amt »bekleiden« darf. Dagegen war sein Vorgänger ja ein richtiger Waisenknabe. Dieses Buch öffnet die Augen über den Präsidenten der BRD. Es ist ein Armutszeugnis und eine Schande für die BRD, dass sie auf solche Pharisäer zurückgreifen muss. Ein im Sinne eines SS-Offiziers erzogener Heuchler – siehe Oradur. Stasijäger und gleichzeitig «Stasibegünstigter«. Ein Inquisitor der neuen Zeit. Wie kann er international anerkannt werden mit einer »Gräfin Kosel« an seiner Seite? Frank Hansen

---

16 Inzwischen ist die 8. Auflage erreicht

Bei »**buchredaktion**« ist zu erfahren:[17]

»Dieser »Auserkorene«, von sich und seinen inhaltslosen Reden überzeugte Blender ist eine Schande für das Land. Nicht nur, dass er als Pfarrer und Christ die eigenen Werte seines Glaubens mit Füßen tritt (tolles Vorbild für eine intakte Ehe), nein auch sein scheinheiliges Geschwafel über Demokratie, Andersdenkende und deren Achtung in einer pluralistischen Gesellschaft und auch seine verkorksten Standpunkte zu den politischen inneren und äußeren Fragen unserer Zeit zeigen mir deutlich, er ist am falschen Ort tätig. Dieses Buch war unbedingt nötig, um den Menschen Gauck so zu zeigen, wie er wirklich ist.«

Selbst in der »**Frankfurter Allgemeine**« kann man folgende Leserzuschrift finden:[18]

»Glaubwürdigkeit und Vorbildfunktion von Gauck sind meines Erachtens erheblich lädiert. Gauck ist Pfarrer, verheiratet, hat Kinder und lebt uns in voller Breite eine außereheliche Beziehung mit Frau Schadt vor, die uns auch noch als »First Lady« präsentiert wird, während seine Ehefrau in Rostock sitzt. Gauck lebt wie ein Monarch in alten Zeiten mit einer »Frau zur Rechten« (Ehefrau und Kinder) und einer »Frau zur Linken« (für die andere Seite des Lebens). Die alten Zeiten (August der Starke lässt grüßen) sind doch vorbei, wo die führenden Leute des Staates problemlos in dieser Form leben konnten. Als Privatmann kann Gauck leben, wie er will – aber nicht als Bundespräsident. Da hat er Vorbildwirkung und darf das Amt nicht beschädigen. Alle seine Vorgänger waren diesbezüglich makellos. Wie will Gauck mahnende Worte an uns Bürger richten, wenn er selbst im Glashaus sitzt? ... Kann es sein, dass das von Ihnen gezeich-

---

17 www.buchredaktion.de/der-richtige-mann
18 FAZ vom 11. März 2014

nete Bild, das die Deutschen von Gauck angeblich haben, damit zusammenhängt, dass viele Mitbürger die irritierenden Lebensverhältnisse des derzeitigen Bundespräsidenten gar nicht kennen? – Barthold Homburg , Wiesbaden«

Dass dem offenkundig so ist, daran haben allerdings Medien wie die FAZ, ihren nicht unerheblichen Anteil. Das bezieht sich nicht nur und vorrangig auf die Lebens- und Liebesverhältnisse des Herrn Präsidenten – über die es inzwischen wesentlich mehr zu berichten gibt, als im Leserbrief enthalten –, sondern vorrangig auf das verhängnisvolle politische Wirken des Präsidenten.

Welche politischen Haltungen prägen
Gaucks bisherige Amtszeit?

Es fällt schwer, eine geistig beeindruckende Spur zu finden. Der Mann hat die Gabe, viel zu reden und wenig zu sagen. Trotzdem sind einige Spuren sichtbar. Zu Anfang seiner Präsidentschaft war es die erbarmungslose Abrechnung mit einer – wie wir nachgewiesen haben – durchaus privilegierten DDR-Vergangenheit. Kein Anlass war nichtig genug, um nicht die »Zweite Deutsche Diktatur« in den Schmutz zu ziehen. Sein Credo war ein inhaltsleeres Geschwätz über »Freiheit«.

Diese Diktion ist keineswegs überwunden. Anlässlich des Festaktes »25 Jahre Friedliche Revolution« am 9. Oktober 2014 in Leipzig konnte Gauck seinen ungebändigten Gefühlen erneut freien Lauf lassen. Wortgewaltig feierte er das Ende der »SED-Diktatur«. Seine Rede[19] beginnt: *Zehntausende strömten damals nach dem Friedensgebet zusammen, um für Freiheit und Demokratie zu demonstrieren. Sie wussten zwar, dass die Staatsmacht Proteste in den Tagen zuvor brutal niedergeschlagen hatte.* (Wo war das bitte, Herr Gauck? Wie viele Opfer waren zu beklagen?, Anm. d. Autoren) *Sie waren sich nicht sicher, ob es eine gewaltsame, eine »chinesische Lösung« geben würde. Sie waren vertraut mit der Arroganz der Macht, ein Schießbefehl wäre keineswegs unvorstellbar gewesen* (fabuliert Pfarrer Gauck in freier Erfindung, Anm. d. Autoren).

In der gleichen Rede hat Gauck keine Probleme am Schluss zu verkünden: *Wir haben uns zu fragen, ob wir genügend Anstrengungen unternehmen, um wirklich alle Demokraten zusammenzuführen, gleichgültig welcher Religion, Ethnie oder politischen Orientierung sie angehören(!).*

---

19 Dokumentiert unter www.bundespraesident.de/.../Reden

Inzwischen ist er jedoch in seiner Rhetorik ein Stück weiter. Sein politisches Auftreten ist nunmehr geprägt durch diplomatische Tolpatschigkeit, internationale Heuchelei und kräftige großdeutsche Kriegsrhetorik.

Gaucks Kriegsrhetorik hat tiefe Wurzeln, die wir ausführlich in unserem ersten Buch dokumentiert haben. Zu DDR-Zeiten plakatierte Gauck öffentlich den bekannten alttestamentarischen Psalm: »Schwerter zu Pflugscharen!« oder den Spruch »Stellt euch vor, es ist Krieg und keiner geht hin!« In Gesprächen mit der DDR-Staatsmacht wurden andere Töne intoniert: Der Frieden muss auch mit der Waffe in der Hand verteidigt werden, er werde junge Menschen zum Wehrdienst ermutigen. Oder: Was will die UdSSR in Afghanistan, soll doch die Revolution des Volkes siegen. Im neuen System angekommen, aber noch nicht als Präsident institutionalisiert, verkündet er: Wenn es um die militärische Unterstützung von Befreiungsbewegungen gehe (Beispiel Libyen) solle man nicht danach fragen, wo das endet, sondern froh sein, dass es endlich los geht. Auf dem Präsidentenstuhl angekommen, ist es erstes Bedürfnis, die Nationale Volksarmee zu verunglimpfen als Armee, die auf das eigene Volk schießen würde. Die Bundeswehr wird mit Lob, Stolz und großväterlicher Liebe überschüttet, da sie nun endlich am Horn von Afrika, auf dem Balkan und in Afghanistan die Freiheit durchsetzen kann. Wer hätte das noch vor Jahren gedacht, jubiliert der Kriegsbefürworter. Opfer müsse die glücksselige Gesellschaft halt ertragen. Unser Präsident erträgt es mit pastoraler Leichenbittermiene.

Er scheint das Thema seiner Amtszeit gefunden zu haben. Es ist nicht das inhaltsleere Freiheitsgesülze, sondern eine sehr handfeste großdeutsche Kriegsrhetorik. Mit der Hamburger Rede vor der Akademie der Bundeswehr kurz nach Amtsantritt ging es los. Inzwischen folgten weitere Steigerungen. Bezeichnenderweise zum »Tag der deutschen Einheit« 2013 tönte der Präsident: *Nimmt Deutschland seine Verantwortung ausreichend wahr etwa gegenüber den Nachbarn im Osten, im Nahen Osten oder am südlichen Mittelmeer? ...Und wenn wir einen ständigen Sitz im Weltsicherheitsrat der Vereinten Nationen anstreben: Welche Rolle sind wir dann bereit, bei Krisen in ferneren Weltregionen zu spielen? Unser Land ist keine Insel. Wir sollten uns nicht der Illusion hingeben, wir könnten verschont bleiben von den politischen und ökonomischen, den ökologischen und militärischen Konflikten, wenn wir uns an deren Lösung nicht beteiligen.*

Dann folgte der Höhepunkt: Die Rede zur Eröffnung der 50. Münchner Sicherheitskonferenz: *Deutschland ist überdurchschnittlich globalisiert und profitiert deshalb überdurchschnittlich von einer offenen Weltordnung – einer Weltordnung, die Deutschland erlaubt, Interessen mit grundlegenden Werten zu verbinden. Aus all dem leitet sich Deutschlands wichtigstes außenpolitisches Interesse im 21. Jahrhundert ab: dieses Ordnungsgefüge, dieses System zu erhalten und zukunftsfähig zu machen. ...Und wenn wir überzeugende Gründe gefunden haben, uns zusammen mit unseren Verbündeten auch militärisch zu engagieren, sind wir dann bereit, die Risiken fair mit ihnen zu teilen?*

Vielleicht ging der Präsident – angefeuert von einem neuen, scharfmacherischen Redenschreiber mit dem schönen Namen Kleine-Brockhoff – in seiner kriegerischen Rhetorik doch etwas zu weit? So deutlich sollte ein deutsches Staatsoberhaupt die militärischen Interessen nicht öffentlich verkünden! Das ist schon einmal einem Bundespräsidenten schlecht bekommen.

Es sollte einem Bundespräsidenten Deutschlands auch nicht gut zu Gesicht stehen, wenn er Formulierungen seines Redenschreibers aus deutsch-amerikanischen Papieren übernimmt.

Herr Kleine-Brockhoff ist Mitglied der »Denkfabrik« »Stiftung Wissenschaft und Politik« des Deutschen Institutes für internationale Politik und Sicherheit und des »The German Marshall Fund of the United States.« Diese »Denkfabrik« hat im Spätherbst 2013 ein Dokument unter dem Titel »Neue Macht – Neue Verantwortung« produziert.[20]

Ungeniert macht der »unabhängige« deutsche Bundespräsident – natürlich ohne Quellenangabe – in seiner Münchener Rede Aussagen aus diesem Dokument zu seiner Auffassung: »Deutschland profitiert wie kaum ein anderes Land von der Globalisierung und der friedlichen, offenen und freien Weltordnung, die sie möglich macht… Deutschlands überragendes strategisches Ziel muss es daher sein, diese Weltordnung zu erhalten, zu schützen und weiter zu entwickeln… Wenn Deutschland die eigene Lebensweise erhalten und schützen will, muss es sich folglich für eine friedliche und regelbasierte Weltordnung einsetzen; mit allen legitimen Mitteln, die Deutschland zur Verfügung stehen, einschließlich, wo und **wenn nötig, den militärischen,**« heißt es in der »Denkfabrik.« Die Formulierungen sind mit Gaucks Rede fast identisch. Der Spiegel meint: »Ein Berater verhalf ihm dazu, doch vielleicht mit etwas zu lauten Worten.«[21] Der Tagesspiegel kommentiert: »Noch am Montag saß das deutsche Staatsoberhaupt im Bundestag und gedachte der Millionen Opfer des Holocaust… Nur fünf Tage später mahnt uns derselbe Joachim Gauck in München, Weltabgewandtheit und Bequemlichkeit nicht hinter unserer historischen Schuld zu verstecken… Das ist starker Tobak.«[22]

---

20 www.swp-berlin.org/.../DeutAussenSicherhpol_SWP_GMF_2013.pdf
21 »Sehnsucht nach Amerika«, Der Spiegel 7/2014
22 »Seine Lesart der Geschichte«, Tagesspiegel 2. Februar 2014

Präsidiale Kriegsrhetorik – starker Tobak

Klaus Stuttmann im Tagesspiegel vom 17. Juni 2014

Allerdings! Es ficht den wandelbaren Präsidenten auch nicht im Geringsten an, wenige Wochen nach seiner kräftigen Kriegsrhetorik in Frankreich an den Stätten des Ersten Weltkrieges tiefste Betroffenheit zu heucheln.

Die Reaktionen in Teilen der Öffentlichkeit sind drastisch. Ostdeutsche Pfarrer distanzieren sich vom Kriegspräsidenten und selbst ernannten Bürgerrechtler. Ein junger Abgeordneter der Partei DIE LINKE im Brandenburger Landtag bezeichnet Gauck als »widerlichen Kriegshetzer«. Der Aufschrei der Steigbügelhalter aus SPD und Grünen überrascht nicht, ebenso wenig die Rüge von Bundestagspräsident Lammert an Gregor Gysi – Lammert ist allerdings vor der Wahl Gaucks zum Präsidenten ausdrücklich auf dessen eidesstattliche Unwahrheiten verwiesen worden. [23]

---

23 Siehe Faksimile des Briefes in Blessing/Manteuffel: »Joachim Gauck. Der richtige Mann?«, edition berolina, Seite 163

Gauck an den Stätten des Grauens

Joachim Gauck reist als Präsident der Bundesrepublik Deutschlands an Stätten des Grauens – Orte in Europa, deren Namen sich als Sinnbild von Verbrechen der deutschen faschistischen Wehrmacht besonders in das Gedächtnis der Völker eingebrannt haben. Eigentlich müsste er ganz Europa bereisen, denn an welchen Orten gab es keine faschistischen Verbrechen beim Überfall auf andere Völker?

An seinen auserwählten Besuchsorten zelebriert er die gleichen Gesten. Zu Tränen gerührt sinkt er den begleitenden Staatsoberhäuptern an die Brust oder andere Körperteile, vor Rührung versagt es ihm fast die Stimme. Aus Achtung und Respekt vor den Opfern versagen wir uns eine Kommentierung hierzu.

Blicken wir hinter die peinlichen Gesten. Als Erstes gehört es zum Ritual des deutschen Bundespräsidenten, dem Partner für die Einladung »im Geiste der Versöhnung« zu danken. »*Ihnen allen danke ich im Namen aller Deutschen dafür, dass Sie uns mit dem Willen zur Versöhnung entgegentreten. Ich werde das niemals vergessen. Ich war als deutscher Bürger froh über die frühen und wiederholten Akte und Symbole der Versöhnung.*« – klingt es aus Oradour. Sind das ehrliche Worte? Eigentlich ist »Versöhnung« für Gauck ein Fremdwort. Er konnte nie »versöhnen«, ist aber den Opfern schlimmster deutscher Verbrechen dankbar dafür. Als »Rächer« war er bisher froh darüber, dass er auf Grundlage des von ihm maßgeblich initiierten Stasi-Unterlagen-Gesetzes eben keine Versöhnung betreiben musste. Und das auch gegenüber Menschen, die überhaupt keine Verbrechen begangen hatten. Stattdessen wollte er sie am liebsten nach den Nürnberger Gesetzen abstrafen.

Worte der Versöhnung aus Gaucks Munde?

Weiter aus den Stätten des Grauens: Am Mahnmal von Lingia-
des (Griechenland): *Und so möchte ich heute aussprechen, was Täter und viele politisch Verantwortliche der Nachkriegszeit nicht aussprechen konnten oder wollten: Das, was geschehen ist, war brutales
Unrecht.* Aus Sant'Anna (Italien): *Hier in Sant'Anna wurde Recht
massiv verletzt und Menschenwürde mit Füßen getreten.*

Nein, Herr Präsident, hier wurden Menschen ermordet, ihre Leiber zerfetzt und verbrannt. In Oradour »wurden die Bewohner in der Ortsmitte zusammengetrieben, Frauen und Kinder von den Männern getrennt und in der Kirche eingesperrt. Die Männer wurden auf mehrere Scheunen verteilt. Dann eröffneten die Soldaten das Feuer, erst auf die Männer, danach auf die Frauen und Kinder, und zündeten die Scheunen, die Kirche und andere Gebäude an. 642 Menschen kamen um, nur sechs überlebten.«[24]

Über Distome in Griechenland wird berichtet: »Männer wie Kinder wurden wahllos erschossen, Frauen vergewaltigt und niedergemetzelt, vielen schnitten die Soldaten die Brüste ab. Schwangere Frauen wurden aufgeschlitzt, manche Opfer mit dem Bajonett gemeuchelt. Anderen wurden die Köpfe abgetrennt oder die Augen ausgestochen.«[25]

Nach Gaucks Definition sind das »Verletzungen des Rechts.« »Gibt es Ekligeres auf der Welt als deutsche Geschichtskultur, ihr Vokabular und ihre Sprecher?«, fragt der VVN/BDA NRW.[26]

Der Herr Präsident meint in Oraduor: *Gerechtigkeit bei der Aufarbeitung von Kriegsverbrechen kann auch der Rechtsstaat nicht vollständig garantieren.* Warum kann das der von ihm so heiß geliebte Rechtsstaat nicht? Natürlich nicht, wenn es politisch nicht gewollt ist.

Dem greisen griechischen Präsidenten Károlos Papoulias antwortete der »Gerechtigkeitsfanatiker« Gauck auf griechische Forderungen über Entschädigungen: *Ich werde mich dazu nicht äußern. Und ganz gewiss nicht anders als meine Regierung.*

Präsident Gauck ist darüber tief verbittert, *dass Mörder nicht*

24 Tagesspiegel 5. September 2013
25 Hermann Gremliza in konkret 8/2013
26 ebenda

zur Verantwortung gezogen wurden, dass schwerste Verbrechen
ungesühnt blieben. Sie ist meine Bitterkeit. Ich nehme sie mit nach
Deutschland und werde in meinem Land davon sprechen und ich
werde nicht verstummen. Aber er hat Tröstendes zu vermelden:
Lassen Sie mich deshalb darauf hinweisen, dass sich Parlament und
Regierung seit langem immer wieder mit der schuldbeladenen Ver-
gangenheit der NS-Zeit und so auch mit dem Geschehen in Sant'Anna
auseinandersetzen.

»Hier nun wechselt der Mann … von der routinierten Verlo-
genheit zur dreistesten, plattesten Lüge. Was die Regierung, deren Auseinandersetzung mit der schuldbeladenen Vergangenheit er rühmt, seit Gründung der BRD betrieben hat, war und ist
nichts als Abwehr aller Ansprüche, die Opfer deutscher Verbrechen je gestellt haben. … Wie sich daran das Parlament ›immer
wieder‹ beteiligt hat, klärt ein Blick auf dessen Internetseite.
Unter dem Stichwort ›Sant'Anna di Stazzema‹ findet sich ein (in
Zahlen 1) Eintrag.«[27]

»Für Gaucks Auftreten in Oradour habe ich mich geschämt.
Während die antifaschistischen Widerstands- und Résistan-
cekämpfer in der DDR immer das Andenken der Opfer von
Oradour ehrten und der Deutschen gedachten, die im Kampf
gegen die SS ihr Leben gaben, geschah in der Bundesrepublik
nichts Derartiges. Trotzdem stellt sich Gauck, der notorisch das
Andenken an die DDR beschmutzt und ihre Bürger verhöhnt,
hin und preist die Freiheit in der BRD, die es auch den Mördern
von Oradour möglich gemacht hat, ihrer Strafe zu entgehen.«[28]

»Gauck – ein Geschichtsloser, ein Verdränger. Was vor ihm
in der deutschen Geschichte gewesen ist, was seine Kirche darin für eine Rolle gespielt, das ist ihm lediglich Vorlage dafür,

---

27 konkret a. a. O.
28 E-Mail von Harald Nestler – Berlin – an die Autoren

die immer gleiche einstudierte Betroffenheitsmine aufzulegen. Nationalsozialismus, das System also, dem seine Eltern verpflichtet gewesen sind, wird von ihm schön theologisch in die Schublade gepackt. Das ist das diffus Böse, dem man sich durch Moralformellitaneien zu entziehen hat. Besonders geschmacklos ist Gaucks Auftritt in Oradour-sur-Glane gewesen. Niemals sind Frankreich die Täter des Verbrechens ausgeliefert worden. Aber ein deutscher Präsident macht selbstgefällig einen auf Versöhnungsangebot. Gauck ist die staatsmännische Ausgabe der Lichterkettenkerze.«[29]

Warum macht er das? In seinen Reden zum 100. Jahrestag des Beginns des Ersten Weltkrieges hat er etwas ausgesprochen, was eine Antwort darauf sein könnte: »*Als ich aufwuchs*«, sagte er, »*gab es in unserem Haushalt noch die so genannte patriotische Literatur über deutsche Kriegshelden, die Seekriegsflotte, U-Boot-Helden oder berühmte Jagdflieger.*«[30] Gauck ist Jahrgang 1940, kaum anzunehmen, dass er das als Fünfjähriger gelesen hat, eher später.

Werten wir das Auftreten des Bundespräsidenten an den Stätten des Grauens prinzipiell, ergibt sich folgendes Bild:

Zum Ersten: Der Präsident erweckt mit seinen theatralischen Auftritten den Eindruck, es handele sich um Einzelfälle, für die »Versöhnung« angesagt sei. Er ist unfähig und unwillig, die Wurzeln des Faschismus bloßzulegen und daraus Schlussfolgerungen für die Gegenwart zu ziehen. Folgerichtig ist seine Position gegenüber den Opfern der NSU-Morde halbherzig und oberflächlich, sein Auftreten an den Stätten des Grauens Heu-

---

29 Lesermeinung von »salve« zum Artikel im Tagesspiegel »Der Präsident und sein Ego« vom 2.10.2013

30 Rede des Bundespräsidenten am 3. August 2014 auf einer Gedenkveranstaltung in Frankfurt

chelei. Wie bereits an anderer Stelle dargelegt, ist eine prinzipielle Auseinandersetzung zu seiner eigenen Position zur faschistischen Vergangenheit nicht erfolgt. Seine in Oradour getroffene persönliche Aussage: »*auch ich habe so meine Eltern gefragt nach ihrem Leben in der NS-Diktatur und im Weltkrieg*« entspricht nicht den Tatsachen. Nach eigenen Aussagen und die seiner Biografen wurde das Thema Holocaust in der Familie erstmals 1981 thematisiert.

Zum Zweiten: Es ist Gauck nach wie vor unmöglich, auch nach Besuch der Stätten des Grauens, endlich einen Schlussstrich unter seine unsägliche Gleichsetzung zwischen deutschem Faschismus und »zweiter deutscher Diktatur« zu ziehen. Im Gegenteil, auch als Präsident ist er nach wie vor der Meinung, dass »*die ehemaligen Systemträger der DDR* (im Vergleich mit ehemaligen NSDAP-Mitgliedern, Anm. d. Autoren) *nicht über Gebühr belastet wurden.*«[31] Sein Vergleich mit den Nürnberger Gesetzen steht nach wie vor im Raum.

Zum Dritten: Gauck ist nach wie vor unfähig, Opfer und Täter politisch klar zu benennen. Wie in unserem ersten Buch zitiert[32], ist er der Auffassung, die Opferrolle der Deutschen sei stärker zu betonen, und unterstützt es, wenn Gedenkstätten entsprechend umgestaltet werden. Den Menschen des Landes, das unendliche Opfer bei der Überwindung des Grauens durch den Sieg über den deutschen Faschismus gebracht hat, werden unter Missbrauch seiner Position als Bundespräsident »Ratschläge« erteilt.

---

31 Interview in der Bild am Sonntag 25.8.2013
32 Blessing/Manteuffel a. a. O. Seite 89

Gaucks Verbalattacken gegen Russland und seinen Präsidenten

Am 3. Juni 2013 empfing Joachim Gauck im Schloss Bellevue als Bundespräsident Teilnehmer der Potsdamer Begegnung aus Russland und Deutschland. Dabei preist der Bundespräsident (west)deutsche Erfahrungen bei der Aufarbeitung der NS-Diktatur als beispielgebend für Russland an. *Es muss sich erst noch zeigen, wie unsere deutschen Erfahrungen bei der Aufarbeitung der NS-Vergangenheit für die Aufarbeitung der langen Geschichte von Entfremdung, Rechtlosigkeit und Mord im Sowjetstaat genutzt werden können ... Die postkommunistische Gesellschaft muss sich selber einigen, ob sie Schuld analysieren, bereuen, sogar eventuell wiedergutmachen will.*[33]

Als deutsche Erfahrung vermittelt der politisch einseitige Antikommunist Gauck: *Nur wer keine selektive Geschichtspolitik betreibt, Forschungsmittel nicht einem politischen Zweck unterordnet, wer keine Mythen restauriert oder pflegt, kann ein Geschichtsbild schaffen, in dem sich die gesamte Gesellschaft wiedererkennt.* Wie wahr! Allerdings vergaß Gauck hinzuzufügen: »Deshalb arbeitet die von mir gegründete und nach mir benannte ›Gauck-Behörde‹ seit Jahrzehnten an der einseitigen Diskreditierung und Ausgrenzung, deshalb setzen wir in der Bundesrepublik Forschungsmittel politisch ausdrücklich nur zur ›Aufarbeitung der DDR-Diktatur‹ ein und deshalb besteht mein Lebensinhalt in der Gleichsetzung von Faschismus und DDR.«

Stattdessen meinte er: *In Deutschland-West hat sich ... ein selbstkritischer Geschichtsdiskurs entwickelt ... Mit tiefem Erschrecken waren sich ... die West-Deutschen darüber klar geworden, dass Deutschland nicht nur ein Feind der Staatsform der Demokratie gewe-*

---

33 Dokumentiert unter www.bundespraesident.de.../Reden

sen war, sondern dass es die Humanität verraten hatte. So harmlos war das nach Gaucks Geschichtsverständnis: Konzentrationslager und Kriegsverbrechen mit mehr als 60 Millionen Toten waren in der Lesart des amtierenden Bundespräsidenten Joachim Gauck Verrat an Demokratie und Humanität!

Und in Deutschland Ost? In *Ostdeutschland ... gab es eine massive staatliche und zivilgesellschaftliche Aktivität in Richtung Offenheit und Selbstkritik. Gleichwohl vermochte eine große Masse der Bevölkerung in der ehemaligen DDR diesen Diskurs der Eingeweihten nicht zu ihrer Sache zu machen* – weiß der aus dem Osten stammende Pfarrer und Präsident zu berichten.

DER SPIEGEL kommt nicht umhin, festzustellen: »Der Präsident forderte die Russen zu Scham, Trauer und Reue auf, wenn sie sich mit der Vergangenheit der kommunistischen Diktatur beschäftigen. Russland, so die Botschaft ... solle sich in Sachen Vergangenheitsbewältigung ein Beispiel an Deutschland nehmen. Darf ein deutscher Präsident solche Lehrstunden erteilen? Es war ein Tabubruch. [34] ... In der deutschen Öffentlichkeit sind die Worte des Präsidenten, die er vor zwei Wochen bei einer Begegnung mit russischen Intellektuellen in Berlin sprach, weitgehend unbemerkt geblieben.«[35] Warum? Hätte nicht auch das Massenmedium Spiegel die Pflicht, diese Entgleisungen stärker zu thematisieren? Wir fragen: Was darf sich der Präsident der Bundesrepublik Deutschland in seinem grenzenlosen unversöhnlichen Hass auf die »Kommunisten« noch alles erlauben, bevor der Abscheu aller ehrlichen Deutschen diesem Mann laut und vernehmlich ins Gesicht schlägt?

Der Gaucksche Zynismus und die Verleumdung Russlands sind jedoch noch steigerbar. **Am 1. September 2014** besucht der

---

34 DER SPIEGEL 25/2013 Seite 21
35 ebenda

Präsident der Bundesrepublik Deutschland in Polen die »Westerplatte« bei Gdansk, um gemeinsam mit seinem polnischen Amtskollegen des Beginns des Zweiten Weltkrieges zu gedenken. Er beginnt mit den üblichen theatralischen Gesten des rührenden Brustdrückens. Dann legt er los.

Die ersten Sätze lauten: »*Es dürfte in Deutschland nur noch wenige Menschen geben, die persönliche Schuld für die Verbrechen des NS-Staates tragen. Ich selbst war gerade fünf Jahre alt, als der Krieg zu Ende ging. Aber als Nachfahre einer Generation, die brutale Verbrechen begangen oder geduldet hat, und als Nachfahre eines Staates, der Menschen ihr Menschsein absprach, empfinde ich tiefe Scham und tiefes Mitgefühl mit jenen, die unter Deutschen glitten haben. Für mich, für uns, für alle Nachgeborenen in Deutschland, erwächst aus der Schuld von gestern eine besondere Verantwortung für heute und morgen.*«[36]

Das war es! Am 75. Jahrestag des vom deutschen Faschismus initiierten grausamsten aller bisherigen Kriege verniedlicht der Deutsche Bundespräsident Joachim Gauck 60 Millionen Tote unter den Begriff, dass Menschen anderen Menschen ihr »Menschsein« absprachen. Dass die Mehrzahl der Kriegstoten, rund 27 Millionen, sowjetische Menschen waren, denen nicht das »Menschsein« abgesprochen, sondern deren Leben brutal ausgelöscht wurde – kein Wort. Und da es in Deutschland nur noch wenige Menschen gibt, die dafür persönliche Schuld tragen und Herr Präsident erst fünf Jahre alt war, hat sich die historische Bewältigung für unseren Oberpriester damit erledigt. Denn nun geht es zum Angriff über – gegen den Staat und seinen heutigen Repräsentanten, der die Hauptlast und die meisten Opfer im Kampf gegen den deutschen Faschismus zu tragen hatte.

Redetext Gauck: »*Als sich vor genau fünf Jahren hier auf der Wes-*

---

36 Dokumentiert unter www.bundespraesident.de/.../Reden

terplatte 20 europäische Staats- und Regierungschefs versammelten und gemeinsam der Gräuel des Zweiten Weltkrieges gedachten, sahen wir uns auf dem Weg zu einem Kontinent der Freiheit und des Friedens. Wir glaubten und wollten daran glauben, dass auch Russland, das Land von Tolstoi und Dostojewski, Teil des gemeinsamen Europa werden könne. Wir glaubten und wollten daran glauben, dass politische und ökonomische Reformen unseren Nachbarn im Osten der Europäischen Union annähern und die Übernahme universeller Werte in gemeinsame Institutionen münden würden... Nach dem Fall der Mauer hatten die Europäische Union, die NATO und die Gruppe der großen Industrienationen jeweils besondere Beziehungen zu Russland entwickelt und das Land auf verschiedene Weise integriert.«[37]

Wie wahr! Damit hat der politische Simplifizierer wieder einmal die Katze aus dem Sack gelassen. Natürlich ging und geht es um nichts anderes als »die politischen und ökonomischen Reformen« und die »universellen Werte« in »gemeinsame Institutionen« münden zu lassen. Unter dem Wodkafreund Jelzin ist das hervorragend gelungen.

Dann kam Putin, der versuchte, wenigstens die gröbsten Deformierungen zu beseitigen und die Wirtschaft Russlands wieder effizienter zu machen. Zu großen Teilen ist das, wenn auch langsam, gelungen. Aus einem geschundenen, dem westlichen Kapital bedingungslos ausgelieferten Land wurde Schritt für Schritt ein selbstbewusster und ökonomisch erstarkender Staat. Der Einfluss des westlichen Kapitals und der diesem ausgelieferten Oligarchen wurde zwar nicht unterbunden, aber politisch und ökonomisch zurückgedrängt. Das musste auf den Widerstand der dem Kapital hörigen westlichen Politiker und solcher politischer Figuren wie Gauck stoßen.

---

37 ebenda

Als Putin durch die Olympischen Spiele in Sotschi »abgelenkt« war, begannen teils bezahlte und teils faschistische Elemente, beraten und gelenkt von US-Organisationen bzw. direkt aus der ukrainischen US-Botschaft und unter Ausnutzung der großen Unzufriedenheit eines Teils der ukrainischen Bevölkerung, ihren Kampf für einen Regierungswechsel auf dem Maidan in der Hauptstadt der Ukraine. Der gewählte ukrainische Präsident wurde unter Morddrohungen ins Ausland getrieben, eine neue, US-genehme, mit Faschisten durchsetzte Regierung usurpierte die Macht, und so schien der Durchmarsch des Einflusses der USA, der NATO und der EU bis ans Schwarze Meer und darüber hinaus gesichert. Allerdings hatte man sich mit Russlands Reaktion verrechnet.[38]

Natürlich war der Aufschrei groß ob Putins »Aggression«. Warum eigentlich wird die Rückkehr der überwiegend »russischen Krim« in den russischen Staatsverbund als »Aggression« gebrandmarkt, wo doch 96 Prozent der Krimbewohner in einem Referendum für eine Wiedervereinigung gestimmt haben? Wieviel Prozent der DDR-Bewohner haben eigentlich in einem Referendum für die »Wiedervereinigung«, dem »größten Ereignis des 20.Jahrhunderts« gestimmt?

Auch die Europäische Union muss angesichts der neuen Herausforderungen zusammenstehen, beschwört Gauck bei seiner Rede auf der polnischen Westerplatte, wo Deutschland den Zweiten Weltkrieg begann. Und: *»wir werden Politik, Wirtschaft und Verteidigungsbereitschaft den neuen Umständen anpassen.*

Die bürgerlichen Medien feiern: »Nun also deutliche Worte gegen Russland. Um es klar zu sagen: Ja, Gauck durfte das. Ja, er

---

38 Siehe ausführlich: Reinhard Lauterbach: *Bürgerkrieg in der Ukraine*, edition berolina, 2014

musste das tun: Klare Worte sprechen. Als Deutscher, noch dazu mit seinen Wurzeln. An diesem Ort. In dieser aktuellen Lage. Bei diesen Gastgebern. Wie hätte es ausgesehen, hätte der Bundespräsident sich nur in demütigem Gedenken an deutsche Schuld und polnische Opfer geübt, während die Polen sich gerade wieder einmal aus Moskau bedroht fühlen. Während quasi alle Europäer Angst vor einem neuen Krieg haben, der sehr viel weiter führen könnte als in den Osten der Ukraine. Auch Deutsche.«[39]

Es sei dahingestellt, ob der ostdeutsche Pfarrer aus Mecklenburger Gefilden die politische und geistige Tragweite seiner Worte begreift. Es mag offenbleiben, ob er nur das nachplappert, was ihm andere aufschreiben, die revanchistische Ziele verfolgen. Wo diese Kräfte zu finden sind, wird offenkundig. Im Parlament (!) dankte der Bundestagspräsident und CDU-Politiker Norbert Lammert »unter dem tosenden Applaus der Abgeordneten von Union, SPD und Grünen – die Linksfraktion hielt sich zurück – Gauck dafür, dass er ›am richtigen Platz, zum richtigen Anlass das Richtige‹ gesagt habe.«[40]

Wenn Deutsche – das Volk – zulassen, dass diese Kriegshysterie weiter geschürt und durch aggressive Akte der NATO vorangetrieben wird, könnte die Gefahr eines neuen Krieges in Europa in der Tat reale Gestalt annehmen.

---

39 Leitkommentar des Tagesspiegel vom 3. September 2014
40 nd vom 10. September 2014

Die Friedensbewegung beginnt sich zu formieren

Endlich jedoch wachen Teile des deutschen Volkes auf, formieren sich zu Aktionen gegen Kriegshetze und für den Frieden. Und sie erkennen, wo der Hauptbefürworter in Deutschland seinen Sitz hat. »Stahlhelm ab, Herr Gauck«, unter diesem Motto formierte sich am 13. Dezember 2014 eine öffentlichkeitswirksame Friedensbewegung, die sich eindeutig und unmissverständlich an den Hauptadressaten deutscher imperialer Kriegspolitik –

den Bundespräsidenten – wandte. Vorangegangen und nachgeschaltet war dieser Aktion eine durch fast alle Medien laufende Diffamierung dieser Bewegung. In altbewährter Weise wurden die Aufrufer und Initiatoren dieser Aktion auf ihre »Lupenreinheit« hin geprüft. Die Tatsache, dass sich unter den Veranstaltern auch Personen befanden, die in anderen Fragen durchaus kritikwürdige – manchmal schon Jahre zurückliegende – Auffassungen vertreten haben, war der Aufhänger, die gesamte Bewegung zu diffamieren. Sogar die »sozialistische Tageszeitung« stellte eine halbe Seite zur Verfügung, um durch einen Schreiber obskure Auffassungen zu kreieren: Die Gefahr eines Weltkrieges vor der Tür sei imaginär, dass das ausländische Finanzkapital das Volk aussaugt, sei eine Luftnummer, dass die Kriegsgefahr von den USA und der CIA ausgehe, sei Angstmache, das sind Weisheiten aus diesem Text. Die meisten Medien verunglimpften Menschen, die diese »Angstmache« ernst nehmen, als »Verschwörungstheoretiker«.

Das Resümee: »Die Friedensbewegung, die unsexy daherkommt mit ihren bemalten Bettlaken und auf Grund ihres Bedeutungsverlustes mit einer narzistischen Kränkung zu kämpfen hat, will endlich wieder einmal so groß sein wie früher ... Aus solchen Wünschen speist sich das Treiben des Personals des »Friedenswinters««« (Thomas Bluhm, neues deutschland – sozialistische Tageszeitung, 13/14. Dezember 2014) Trotz dieser Diffamierungen kamen nach offiziellen Angaben 4000 Bürgerinnen und Bürger, die friedlich vom Berliner Hauptbahnhof zum Schloss Bellevue demonstrierten. Statt Kommentare bringen wir Bilder.

Bilddokumente vom 13. Dezember 2014

Präsidiale Ehrerbietung auf arabisch

Gaucks Weltreisen

Gauck reist gern in ferne Länder. Wer täte das nicht. Euphorisch preisen Medien dabei seine staatsmännische Klugheit.«Nach außen repräsentiert er souverän« – meint Hugo Müller-Vogg in der SUPERillu.[1] Den Gipfel des Hohns in der Wertung der Wirkung unseres Bundespräsidenten erklimmt das bunte Journal »Woche heute«. Darin heißt es: »Mit seiner klugen, besonnenen Art hat er dem Amt Ansehen und Würde zurück gegeben. Ob in Berlin, Belgien oder Birma, überall wird der einstige Pastor geschätzt.«[2]

Ob das überall so gesehen wird, darf stark bezweifelt werden. Politisch erteilt Gauck nämlich ausländischen Staatsoberhäuptern gern versteckte oder offene Lehren aus seiner »bitterer Erfahrung in einer kommunistischen Diktatur« zur Gestaltung des Lebens im Gastland. Besonders peinlich seine Auftritte in Indien und in der Türkei. Anfang Februar 2014 – in einer Zeit, in der in Indien Politik und Justiz dabei sind, die grauenvollen Massenvergewaltigungen aufzuarbeiten, hält Gauck es für notwendig, sich zur Todesstrafe in Indien zu äußern: *Unter Freunden ist auch ein offener Dialog über Themen möglich und sinnvoll, in denen wir nicht übereinstimmen. Das schließt zum Beispiel die Todesstrafe ein, die wir Europäer abgeschafft und geächtet haben.*

Als der Präsident der USA, in dessen Land immer noch Todesurteile – viele zu Unrecht – grausam vollstreckt werden, Gauck im Schloss Bellevue seine Aufwartung macht, ist der deutsche Bundespräsident derart gerührt, dass er freudetrunken umschlungen mit Barack Obama durch den Park taumelt.

Bei Gaucks Staatsbesuch in der Türkei lässt er sich zu folgenden Äußerungen hinreißen: *So frage ich mich heute und hier, ob die Unabhängigkeit der Justiz noch gesichert ist, wenn die Regierung unliebsame Staatsanwälte und Polizisten in großer Zahl versetzt und sie so daran hindert, Missstände ohne Ansehen der Person aufzudecken ... Als Demokrat werde ich immer dann meine Stimme erheben, wenn ich den Rechtsstaat in Gefahr sehe – auch wenn es nicht der Rechtsstaat des eigenen Landes ist.*

Hätte Gauck im letzten Satz das kleine Wörtchen »auch« gestrichen, wäre der Ausspruch ehrlich gewesen. Verletzungen des Rechtsstaates in anderen Ländern kritisieren – und im eigenen Land dazu zu schweigen, sie zu tolerieren oder gar zu unterstützen, ist das Markenzeichen dieses Präsidenten.

Haben wir schon mahnende Worte des Herrn Bundespräsidenten über die Verletzung des Grundgesetzes durch Kriegseinsätze der Bundeswehr, des Gemeinwohls des Eigentums, des Missbrauchs der Macht der Parteien, ja selbst zum NSU-Prozess gehört?

Gauck – der unchristliche Christ?

In der Bibel steht geschrieben:

… dass in unserem Lande Gerechtigkeit und Friede sich küssen. *Psalm 85, 10f.*

… Völker. Da werden sie ihre Schwerter zu Pflugscharen und ihre Spieße zu Sicheln machen. Denn es wird kein Volk wieder das andere das Schwert erheben, und sie werden hinfort nicht mehr lernen Krieg zu führen. *Jesaja 2,4*

Stecke Dein Schwert wieder an seinen Ort! Denn wer zum Schwerte greift, wird durch das Schwert umkommen. *Mt 26,52*

Selig die, die Frieden stiften, denn sie werden Töchter und Söhne Gottes genannt werden. *Mt 5,9*

Wer das Leben liebt, suche nach Frieden und jage ihm nach! *1. Petr. 3,11*

Gauck wollte nie Pfarrer werden. Freimütig bekennt er, dass nicht sein Glaube ihn zum Theologiestudium geführt hat, sondern persönliche und politische Gründe. Bemerkenswert, dass die katholische Wochenzeitschrift »Tag des Herrn«[41] diese Aussage dokumentiert und den evangelischen Pfarrer Ulrich Körtner zitiert, der vor der Gefahr warnt, »von Gauck zu viel an moralischer Autorität zu erwarten.«

Theologen wenden sich besorgt an deutsche Politiker oder den Bundespräsidenten selbst.[42] Ein Brief ostdeutscher Theologen hat besondere mediale Aufmerksamkeit erfahren. In der letzten Juni-Woche 2014 überschlugen sich die Medien mit der

---

41 Nr. 11/2012 vom 18.3.2012
42 Siehe Schreiben des Theologen Dr.Dr. Gerhard Heine (Anlage 4)

Mitteilung: Zwei Ost-Pfarrer kritisieren Gauck und wenden sich mit einem Brief an den Präsidenten gegen seine Kriegsrhetorik. Nach weiteren Unterschriften und Absendung des Briefes wird dieser veröffentlicht. Darauf warten die interessierten Bürger bis heute. Nur auf komplizierten Umwegen war es möglich, den Text im Internet aufzurufen und abzuschreiben. Hier der Wortlaut:

Abschrift aus dem Internet
Zeit.online vom 1. August 2014: »Gauck rechtfertigt seine Position zu Kriegseinsätzen«:

An den   30. 6. 2014
Präsidenten der Bundesrepublik Deutschland
Herrn Joachim Gauck
Spreeweg 1
10557 Berlin
Sehr geehrter Herr Bundespräsident Gauck!
Wir Unterzeichner sind evangelische Pfarrer in Ihrem Alter. Wir haben wie Sie in der ehemaligen DDR gelebt und gearbeitet.

Wir sind dankbar dafür, dass der Fall der Mauer, das Ende der DDR und die Einheit Deutschlands ohne Gewalt und ohne einen Schuss der hochgerüsteten Armeen der beteiligten Staaten stattfanden. Wir waren als Christen an den damaligen Veränderungen beteiligt. Insbesondere denken wir daran, dass durch den konziliaren Prozess für Gerechtigkeit, Frieden und Bewahrung der Schöpfung Leitlinien für die notwendigen Veränderungen formuliert worden sind.

Die Kirchen der DDR haben sich im Abschlussdokument der Ökumenischen Versammlung 1989 für eine vorrangige Option für Gewaltlosigkeit ausgesprochen. »Umkehr zum Frieden muss deshalb für uns heute die Mitwirkung an der Überwindung der Institutionen des Krieges einschließen. Im Verzicht auf militärische Gewalt als Mittel der Politik sehen wir einen notwendigen Schritt zur Schaffung einer europäischen und weltweiten Friedensordnung. Deshalb stellen sich die Kirchen auch hinter diejenigen, die aufgrund ihrer Überzeugung den Wehrdienst verweigern.« (Kap. 7, Abs. 7) In dem damals besonders beachteten »Brief an die Kinder« schrieben die Delegierten: »Wir alle müssen uns dafür einsetzen, dass niemand mehr einen anderen Menschen in einem Krieg erschießt.« Wir glauben, dass heute, 25 Jahre später, die damals formulierte Zielvorgabe, an der Überwindung der Institution des Krieges mitzuarbeiten, noch immer richtig ist.

Wir sind froh darüber, dass unser Land mit dem Konzept des zivilen Friedensdienstes und mit der Ausbildung von Friedensfachkräften einen wichtigen Schritt in diese Richtung gegangen ist. In Ihrer am 31. Januar 2014 zur Eröffnung der Münchener Sicherheitskonferenz gehaltenen Rede sprechen Sie auch von der Notwendigkeit militärischer Konfliktlösungen. Das ist verständlicherweise so interpretiert worden, dass Sie einer Verstärkung von Militäreinsätzen das Wort reden, auch wenn Sie noch anderes gesagt haben. Dem müssen wir entschieden widersprechen. Mit dieser Rede verabschieden Sie sich aus dem Konsens von 1989 und empfehlen der Bundesrepublik eine andere Politik als die damals von uns geforderte. Wie wenig militärische Mittel geeignet sind, bestehende Konflikte zu lösen, zeigt gerade der Einsatz von Soldaten in Afghanistan. Diesen vielen sinnlosen Opfern sind wir es schuldig, nicht die militärischen Kapazitäten unseres Landes zu verstärken, sondern den zivilen Friedensdienst zum deutschen Exportschlager zu machen.

Diesen Brief an Sie legen wir Freunden zur Unterschrift vor. Nachdem Sie den Brief erhalten haben, werden wir ihn in geeigneter Weise veröffentlichen.

Klaus Galley   Siegfried Menthel

Nach längerem Zögern hat der Präsident den Brief durch sein Vorzimmer, Chef der Präsidialkanzlei David Gill, beantworten lassen. Die Antwort ist nicht veröffentlicht. Inzwischen ist es gelungen, den Antwortbrief der Präsidialkanzlei zu beschaffen. Hier die Abschrift, das Faksimile (schlechte Qualität) legen wir zur Dokumentation als Anlage bei.

Abschrift

Der Chef
Des Bundespräsidialamtes
Staatssekretär David Gill

Berlin, 18. Juli 2014

Herrn
Klaus Galley
████████████████
████████████████

Sehr geehrter Herr Galley,

Bundespräsident Joachim Gauck hat mich gebeten, Ihnen für Ihren gemeinsam mit Herrn Menthel verfassten Brief vom 30. Juni 2014 zu danken und – obgleich es sich um einen offenen Brief handelt – auch zu antworten.

Dem Bundespräsidenten ist sehr wohl bewusst, dass er mit seinen Äußerungen zu der Verantwortung Deutschlands in der Welt in seiner Rede vor der Münchner Sicherheitskonferenz ein schwieriges und kontroverses Thema angesprochen hat. Gleichwohl war und ist es ihm ein Anliegen, hierzu Denkanstöße zu geben und seinen Debattenbeitrag zu leisten.

Zur Vorbereitung seiner Münchner Rede hat der Bundespräsident zahlreiche Gespräche mit Experten aus verschiedenen Bereichen – darunter Politologen, Völkerrechtler, Menschenrechtler und Experten für Sicherheits- und Verteidigungspolitik – geführt. Deren Ergebnisse sind in die Rede eingeflossen.

Der Bundespräsident sieht die primäre Aufgabe der Staatengemeinschaft – und damit auch der Bundesrepublik Deutschland – darin, präventiv zu handeln und zivile Konfliktlösungen zu fördern und weiter zu entwickeln. Die Intensität, mit der die Bundesregierung in der aktuellen Ukraine-Krise mit diplomatischen Mitteln agiert, entspricht in vollem Umfang den Vorstellungen des Bundespräsidenten, so, wie er in seiner Münchner Rede angedeutet hat: Frühzeitiges, intensives Engagement im Bündnis mit anderen Partnern.

Seien Sie versichert, dass der Bundespräsident auch weiterhin eine »verlässliche Position zum Frieden« einnimmt, bei der er sich genauso wie Sie von seinem christlichen Wertefundament und dem Bewusstsein für die besondere Verantwortung leiten lässt, die aus der Geschichte unseres Landes erwächst. Zu dieser Geschichte gehört auch, dass ohne Einsatz bewaffneter Kräfte keine Befreiung von der Hitlerdiktatur möglich gewesen wäre.

So kann es trotz Ausschöpfung aller diplomatischen Möglichkeiten erforderlich sein, im Rahmen verantwortlichen Handelns auch den Einsatz von Soldaten in Erwägung zu ziehen – als ultima ratio-Element einer Gesamtstrategie und unter klaren verfassungsrechtlichen Vorgaben wie dem Beschluss des Sicherheitsrates der Vereinten Nationen. Vor dem Hintergrund etwa des Völkermordes in Ruanda ist der Bundespräsident der Überzeugung, dass es in Situationen, in denen das Leben hunderttausender von Menschen durch unmittelbare Gewaltanwendung gesetzloser Aggressoren bedroht ist, sehr wohl ethisch geboten sein kann, Leben und Sicherheit dieser Menschen äußerstenfalls auch mit militärischen Mitteln zu schützen. In dieser Auffassung sieht er sich unterstützt durch Äußerungen Martin Luthers wie auch durch die »Barmer Theologische Erklärung« von 1934, in der es heißt: »Die Schrift sagt uns, dass der Staat nach göttlicher Anordnung die Aufgabe hat in der noch nicht erlösten Welt, in der auch die Kirche steht, nach dem Maß menschlicher Einsicht und menschlichen Vermögens unter Androhung und Ausübung von Gewalt für Recht und Frieden zu sorgen. Die Kirche erkennt in Dank und Ehrfurcht gegen Gott die Wohltat dieser seiner Anordnung an«.

Der evangelische Christ Gauck kann somit nicht erkennen, dass der vom Evangelium gewiesene Weg ausschließlich der Pazifismus sei. Auch in den wesentlichen Äußerungen der evangelischen Kirche ist dies so nicht dargestellt worden. In der politischen Geschichte der Bundesrepublik ist zudem immer von einer auch ethisch begründeten Verteidigungsbereitschaft ausgegangen worden.

Dem Bundespräsidenten ist sehr wohl bewusst, dass die Entscheidung über den Einsatz militärischer Mittel immer mit Gefahr verbunden ist, schuldig zu werden. Das Gleiche gilt freilich auch für die kategorische Ablehnung jedweder militärischer Option.

Mit freundlichen Grüßen
gez. David Gill

Der gesamte Vorgang wirft mehrere Fragen auf. Zunächst die: Warum wird hier schon wieder gegenüber der Öffentlichkeit eine Verschleierungstaktik gefahren? Warum wird zunächst großflächig die Veröffentlichung des »Theologenbriefes« angekündigt und dann geschwiegen? Warum wird die Antwort der Präsidialkanzlei überhaupt der Öffentlichkeit vorenthalten?

Es ist dies eine Fortsetzung des Weglassens von brisanten Dokumenten und Aussagen über Joachim Gauck. Es begann mit seiner zweitägigen alleinigen »Einsicht« in seine »Stasi«-Akte. Es setzte sich fort in der Verweigerung renommierter Medien (FAZ und Focus) uns gegenüber, die Wahrheit über die Verurteilung seines Vaters und die Rolle seines SA-Onkels nachdrucken zu dürfen.

Verschweigen, Verschleiern und Verdrehen, nicht auffindbare oder vernichtete Dokumente, manipulierte Meinungen – auf das »Private« kommen wir noch –, das ist die Schleifspur, die sich in der öffentlichen Darstellung der Vita Gauck widerfindet. Warum? Wer zieht die Fäden? Wie lange noch?

Der andere Aspekt der Antwort von David Gill zum Theologenbrief ist deren inhaltliche Diktion. Analysiert man diese, zeigt sich Erschreckendes. Gaucks Intimus Gill behauptet zunächst, dass es dem Herrn Präsidenten primär darum gehe, »präventiv zu handeln und zivile Konfliktlösungen zu fördern.« Wo ist sie, die friedensfördernde Rede oder Schrift des Präsidenten?

Wie man sich mit christlichen Überzeugungen gegen Gewalt und Krieg engagieren kann, beweist der Katholik und Papst Franziskus. »Mit einer Anklage gegen Waffenhändler und Kriegshetzer hat Papst Franziskus der Toten aller Kriege gedacht. Wie 1914 entstünden auch heute Kriege durch geopolitische Pläne, Geldgier, Machthunger und die Interessen der Waffenindustrie.

›Und diese Terrorplaner, diese Organisatoren der Konfrontation wie auch die Waffenhändler haben in ihr Herz geschrieben: Was geht mich das an?‹, sagte Franziskus am Samstag (13.9.2014) während einer Messe an der italienischen Gedenkstätte für die Gefallenen des Ersten Weltkrieges in Fogliano Redipudia. Diese Frage sei das höchste Motto des Krieges.«[43]

Staatssekretär Gill stellt jedoch im Namen seines Herrn fest, so wie die Bundesregierung »in der aktuellen Ukraine-Krise mit diplomatischen Mitteln agiert, das entspricht in vollem Umfang den Vorstellungen des Bundespräsidenten.« Also: Einmischung in die inneren Angelegenheiten, öffentliches Auftreten auf dem Maidan, Unterstützung und Finanzierung faschistischer Umtriebe und Elemente – das entspricht den präsidialen Vorstellungen?

Im Hauptteil des Briefes erklärt Gill ganz im Sinn der Münchner Rede: Der Einsatz von Soldaten kann die »ultima ratio einer Gesamtstrategie« sein. Der Herr Präsident geht dabei von seinem »christlichen Wertefundament« aus. Pikanterweise basiert nach Gill'scher Argumentation dieses Wertefundament auf einer Erklärung aus der Nazizeit des Jahres 1934. Die selbst unter Theologen stark umstrittene »Barmer Theologische Erklärung« wird als theologischer Kronzeuge aufgerufen und wörtlich aus der 5. These, die überschrieben ist »Fürchtet Gott, ehrt den König« (1. Petr 2,17), zitiert. Wer war 1934 »der König«?

»Die Barmer Theologische Erklärung sollte nicht, wie häufig seit 1945 behauptet worden ist, als ein Akt des Widerstandes gegen den Nationalsozialismus aufgefasst werden. Diese Interpretation wird auch dem Selbstverständnis der Erklärung nicht gerecht. Im Eröffnungsgottesdienst der Bekenntnissynode vom 29. Mai schloss der Dresdner Superintendent Hugo Hahn bei-

---

43 Tagesspiegel 13.9.2014

spielsweise ›unser Volk und Vaterland und seine Führer, insbesondere unseren Reichspräsidenten und Reichskanzler‹ in seine Fürbitte ein.«[44]

Die präsidiale Argumentation des Herrn Gill ist doppelt verlogen. Dass christliche Religion in Theorie und Praxis auch Gewalt zulässt, muss nicht durch Dokumente aus der Nazizeit belegt werden. In einem aktuellen Beitrag schreibt ein em. Professor der Freien Universität Berlin: »Wenn man im Alten Testament liest, wie die Israeliten bei verschiedensten Anlässen im Namen Gottes aufgefordert werden, die Frauen und Kinder ihrer Gegner zu töten, fragt man sich als ehemaliger Konfirmand, weshalb man aus dem Mund von Kirchenleuten dazu nie eine Erklärung geschweige denn eine Entschuldigung gehört hat.«[45]

Über die von der christlichen Kirche praktizierte und gesegnete Gewaltanwendung von den Kreuzzügen bis zum Zweiten Weltkrieg bedarf es keiner Beweisführung.

All das ist aber nicht das Entscheidende. Der deutschen Öffentlichkeit geht es nicht um einen Theologenstreit darüber, ob das Evangelium Gewalt zulässt oder nicht. Diese Frage ist längst beantwortet. Die Frage, die an den Präsidenten dieser Bundesrepublik gerichtet ist, lautet auch nicht: »Wie hältst Du es mit Deinem Glauben?«, sondern: »Wie hältst Du es mit Deinem Amtseid?«, und die ist weder mit dem Antwortschreiben noch durch die Amtsführung des Präsidenten beantwortet.

In Kommentaren an die Frankfurter Rundschau heißt es: »Wir brauchen Bürger, die auf die Straße gehen und den Spinnern (wie Gauck und von der Leyen) ihre Grenzen aufweisen – Für mich ist Gauck ein Kriegs-Bundespräsident, der abgeschafft werden muss.«

---

44 Wikipedia

45 Hans-Dieter Gelfert »Wider alle Vernunft« im Tagesspiegel vom 3. August 2014

Es gibt sogar Menschen mit Zivilcourage. Der sächsische Bürgerrechtler Georg Meusel gibt sein Bundesverdienstkreuz zurück und schreibt an Gauck: »Der Grund dafür sind Ihre Aussagen, die militärische Gewalt als ›letztes Mittel‹ rechtfertigen, während ich nicht erkennen kann, dass Sie sich angemessen für den zivilen Friedensdienst einsetzen würden.«[46]

Das kommt davon, wenn Theologen, die ihre eigene Vergangenheit nicht bewältigt haben, auf den Präsidentenstuhl und ins Vorzimmer gehievt werden.

Hat Gauck (auch) den Deutschen Bundestag belogen und Geheimakten den Amerikanern zugespielt?

Wir haben in unserem ersten Buch dargelegt und durch Dokumente belegt, dass es Joachim Gauck mit der Wahrheit nicht so genau nimmt. Besonders bedeutungsvoll dabei sind sicherlich seine wahrheitswidrigen eidesstattlichen Versicherungen gegenüber dem Landgericht Rostock, er habe der Staatssicherheit der DDR keinerlei Informationen gegeben und sei von dieser in keiner Weise begünstigt worden. Das rechtskräftige Urteil des Gerichtes widerspricht diesen Behauptungen.[47]

Auf Grund einer Leserinformation ergibt sich nun ein weiterer dringender und brisanter Verdachtsfall: Unwahrheit gegenüber dem Deutschen Bundestag und Auslieferung von Dokumenten an fremde Mächte.

Der Sachverhalt: Im Januar 2014 lief in 3sat »Kulturzeit« der Film »Land unter Kontrolle«. Darin wird unter anderem geschil-

---

46 https://www.facebook.com/FrankfurterRund-
   schau/.../716738125018390
47 Vgl. Blessing/Manteuffel, a.a.O., Seite 44ff.

dert, wie 1992 hoch geheime NSA-Dokumente aus dem Bestand der Gauck-Behörde zunächst an den Bundesinnenminister – damals Otto Schily – herausgegeben und von diesem an USA-Behörden weitergeleitet wurden. Die Dokumente, die aus der NSA-Abhörstation Teufelsberg in Westberlin stammten, bezogen sich auch auf Spionage der NSA gegen die BRD – bereits in den 90er Jahren!

Auf der Web-Seite von 3sat unter dem Titel »Laus im Pelz«[48] erfährt man dazu: »Seit den 1980er Jahren hatte der DDR-Auslandsgeheimdienst HVA einen Spion in der NSA: James W. Hall. Der spielte der DDR tausende streng geheime Unterlagen zu – darunter die ›National Sigint Requirement List‹, in der die weltweiten Spionage-Interessen der US-Amerikaner gelistet waren: Die füllten für die Bundesrepublik 35 Seiten. ... Mit diesem Dokument wäre auch heute noch nachweisbar, wenn man es denn noch hätte, wie Freund und Feind von den Amerikanern ausgespäht werden sollten und ausgespäht wurden. Doch dank der damals von Joachim Gauck geführten Stasi-Unterlagenbehörde gibt es die NSA-Akten nicht mehr. Gaucks Mitarbeiter Hansjörg Geiger, später Chef des Bundesnachrichtendienstes, gab 20 laufende Meter Akten an das Bundesinnenministerium heraus. Das schickte eigens bewaffnete Einheiten des Bundesgrenzschutzes zum Aktenabtransport. Darunter war auch jene ›National Sigint Requirement List‹. Sie trug die höchste Geheimhaltungsstufe ›Top Secret Umbra‹, wurde gar von Hand zu Hand an den Innenminister gegeben. Der händigte die Akten dann ungesichtet den US-Amerikanern aus.«

Gauck erklärte jedoch gegenüber dem Deutschen Bundestag im »Ersten Tätigkeitsbericht des Bundesbeauftragten für die Unterlagen des Staatssicherheitsdienstes der ehemaligen

---

48 www.3sat.de/print/?url=kulturzeit/themen/174323/index.html

Deutschen Demokratischen Republik – 1993« (Bundesdrucksache 12/5100 vom 11.6.1993) u.a.: »Bisher hat es noch keinen Fall gegeben, in dem der Bundesminister des Innern die ersatzlose Herausgabe von Unterlagen angeordnet hat, die das StUG unter engen Voraussetzungen erlaubt.«

Deutscher Bundestag
12. Wahlperiode

Drucksache 12/5100

11. 06. 93

Unterrichtung

durch den Bundesbeauftragten für die Unterlagen des Staatssicherheitsdienstes der ehemaligen Deutschen Demokratischen Republik

Erster Tätigkeitsbericht des Bundesbeauftragten
für die Unterlagen des Staatssicherheitsdienstes
der ehemaligen Deutschen Demokratischen Republik — 1993

Einige Ersuchen mußten zurückgewiesen werden, da sie nicht ausreichend begründet waren. Die enge Begrenzung der Nutzung von MfS-Unterlagen für Nachrichtendienste auf die in § 25 StUG abschließend aufgezählten Zwecke stellt einen Kernpunkt des Gesetzes dar. Die gesetzliche Regelung, den Bundesbeauftragten nicht der Fachaufsicht des Bundesministerium des Innern zu unterstellen, erhöht seine Handlungsfreiheit. Diese Weisungsungebundenheit spielt insbesondere bei der Wahrnehmung der Aufgaben nach § 25 StUG eine wesentliche Rolle. Bisher hat es noch keinen Fall gegeben, in dem der Bundesminister des Innern die ersatzlose Herausgabe von Unterlagen angeordnet hat, die das StUG unter engen Voraussetzungen erlaubt.

Die Frage ist nicht vorrangig, ob Gauck (auch) den Bundestag belogen hat. Diese Frage ist durch obigen Sachverhalt eigentlich beantwortet. Die Fragen sind wesentlich brisanter: Der heutige Präsident der Bundesrepublik Deutschland gab als Vorsitzender der »Gauck«-Behörde Geheimdokumente an fremde Mächte, seine heutigen Busenfreunde – die USA. Steht das Interesse der USA und der NSA für den heutigen Bundespräsidenten über dem Grundgesetz und dem deutschen Parlament? Hängt Gaucks Affenliebe zum »Großen Bruder« mit Geheimnisverrat zusammen?

Wenn Gauck Staasbesuch bekommt, ist er immer völlig aus dem Häuschen, das galt besonders, als sein Lieblingspräsident Barack Obama in Berlin war.

Friedensdemo vom 13. Dezember 2014

Noch eine »Ehrenbürgerschaft« für Gauck

In unserem ersten Buch haben wir nachgewiesen, wie Gauck durch Minderheitenvotum und gegen die Meinung der Mehrheit der Rostocker Bürger zum »Ehrenbürger« dieser Stadt erkoren wurde. Wie würdig er mit dieser Ehre umgeht, haben diejenigen, die ihn dazu auserkoren haben, nunmehr erfahren. Oberbürgermeister Roland Methling beklagt sich bitter, dass er von einem Treffen des Präsidenten mit Staatsoberhäuptern deutschsprachiger Länder nichts wusste: »das finde ich schon irritierend.« Der Fährmann der Warnemünder Fahrgastschifffahrt Rainer Möller wusste dagegen schon länger von dem Staatsbesuch. [49]

Nun ist dem Präsidenten die Ehre widerfahren, auch Ehrenbürger von Berlin zu werden. Aus den Medien wurde zur Jah-

---

49 Ostseezeitung vom 12. September 2014

resmitte 2014 bekannt, dass vorgesehen ist, Bundespräsident Gauck auch zum Ehrenbürger von Berlin zu küren. Das wäre für Bundespräsidenten so üblich, heißt die lapidare Mitteilung. In der Berliner Öffentlichkeit regt sich dagegen breiter Widerstand. Exemplarisch dafür veröffentlichen wir den Brief des Präsidenten des Ostdeutschen Kuratoriums von Verbänden an den Regierenden Bürgermeister.

Den (bisher) »Regierenden« hat das offensichtlich wenig beeindruckt. Aus der Presse ist zu erfahren, dass Klaus Wowereit der Meinung ist, »der Bundespräsident fülle sein Amt in beeindruckender Weise aus und habe für Berlin immer wieder positive Akzente gesetzt.« Deshalb solle er am 19. November 2014 zum 117. Ehrenbürger Berlins ernannt werden.[50]

Das ist inzwischen auch erfolgt. Den Tiefgang der gegenseitigen Zuneigung und Begründung für die hohe Ehre kann man aus den gehaltenen Reden ermessen. Der (bisher) Regierende resümiert: »Berlin spielt in Ihrem Leben eine besondere Rolle. In Berlin haben Sie wichtige Etappen ihres politischen Lebens verbracht. Eine Episode haben Sie kürzlich einmal in einem Interview erzählt. Sie stammt vom 8. November 1989, also unmittelbar vor der Maueröffnung. Sie konnten an einem Familientreffen im Westen teilnehmen (Bei Ex-SA-Onkel und Gauck-Erzieher Gerhard Schmitt !, Anm. d. Autoren). Und bevor Sie wieder in die DDR zurück kehrten, haben Sie im damaligen West-Berlin noch einen wichtigen Einkauf getätigt. Nämlich Papier besorgt für die Vervielfältigungsmaschine, mit der Sie bei sich zu Hause in Rostock Texte der Bürgerrechtsbewegung druckten... gedruckt auf dem damals knappen Gut Papier. Oder sollte man sagen: Auf dem knapp gehaltenen Gut. Denn auf Papier kann man ja seine Gedanken verbreiten, und die sind bekanntlich frei.«

---

50 Tagesspiegel vom 14.10.2014

Der so hoch Geehrte bedankte sich dann artig auf gleichem Niveau. Laut Presse[51] beginnt Gauck seine Dankesrede mit »Erinnerungen an Ost-Berlin, das in der Rest-DDR wegen seiner vielen Kommunisten immer als »Stadt der Beknackten« gegolten habe.« Im veröffentlichten Redetext des Präsidialamtes fehlt diese Einleitung. Wahrscheinlich war die Nähe zum »Linken-Politiker« Bodo Ramelow mit seinen »großen und kleinen Arschlöchern« der DDR-Funktionäre zu groß.

Wörtlich kann man aber aus der präsidialen Antwortrede erfahren: »*Als ich die Untiefen der Diktatur kennengelernt hatte und alt genug war, allein nach Berlin zu reisen, genoss ich den Westen der Stadt als Urlaub vom real existierenden Sozialismus. Ich wollte Freiheit genießen! Der Sprit roch anders. Die Zigaretten schmeckten anders. Und die Kinofilme erzählten anders. Ich durfte die Eintrittskarten auf dem Ku'damm sogar mit Ostmark bezahlen. Es ging dann wieder zurück nach Hause, aber alles immer in der Gewissheit: »Ich kann ja wieder kommen.«*

Der Spiegel kommentiert: »Im Unterschied zur Mehrheit seiner Landsleute war der Rostocker Pfarrer Gauck 1989 im Besitz zweier Reisepässe, er war zwischen 1987 und 1989 elfmal im Westen. Es scheint, als hole er heute ein wenig von dem Widerstand gegen die SED nach, den er damals nicht geleistet hat.«[52]

---

51 Tagesspiegel 20.11.14
52 Der Spiegel 47/2014, Seite 30: »Die Macht der Vergangenheit«

ok Ostdeutsches Kuratorium von Verbänden e. V.

Berlin, den 08. 08. 2014

An den
Regierenden Bürgermeister von Berlin

Sehr geehrter Herr Klaus Wowereit,

aus den Medien wurde bekannt, dass beabsichtigt ist, Bundespräsident Joachim Gauck die Eh-
renbürgerschaft von Berlin zu verleihen. Im Namen der Mitglieder von 27 dem OKV zugehörigen
Verbänden und Vereinen, sowie vieler Bürgerinnen und Bürger von Berlin möchte ich dagegen
schwere Bedenken vorbringen. Herr Gauck ist weder von seiner politischen Entwicklung und seinem politischen Wirken als Bundespräsident noch von seinen menschlichen Qualitäten prädesti-
niert, Ehrenbürger der Hauptstadt Berlin zu werden. Ich verweise dazu u. a. auf das beigefügte
Buch von Klaus Blessing und Manfred Manteuffel „Joachim Gauck – der richtige Mann?" sowie auf
den Brief von Theologen vom 30. 06. 2014 an den Bundespräsidenten.

Mir erscheinen zwei Aspekte besonders wichtig:

Zum Ersten: Herr Gauck hat sich von der Unterstützung der in der DDR verbreiteten Losung der
Friedensbewegung „Schwerter zu Pflugscharen" nunmehr als Präsident der Bundesrepublik zum
aktiven Befürworter von verstärkten Kriegseinsätzen der Bundeswehr gewandelt. Das trifft auf den
Widerstand breiter Kreise der Bevölkerung und ist für Berlin, das zu DDR-Zeiten berechtigt als
„Stadt des Friedens" anerkannt wurde, besonders verwerflich.

Zum Zweiten: Wesentliche Ereignisse in der Lebensgeschichte von Herrn Gauck werden von ihm
und/oder seinen autorisierten Biografen unvollständig und falsch dargestellt.

Für besonders bedenklich halte ich den Nachweis, dass Herr Gauck mehrfach vor Gericht eidesstattliche Versicherungen abgegeben hat, die nicht den Tatsachen entsprechen.

Die o. g. Publikation enthält die Ablichtung des rechtskräftigen Urteils des Landgerichtes Rostock
vom 29. September 2000 wonach Herr Gauck „keinen Anspruch auf Unterlassung der Äußerung
hat, er sei „Begünstigter" im Sinne des Stasi-Unterlagengesetzes".

Ich kann auch nicht verschweigen, dass Bürgerinnen und Bürger zunehmend Anstoß an den au-
ßerehelichen Beziehungen des Bundespräsidenten und der Beschäftigung von ihm abhängiger
Personen im Bundespräsidialamt nehmen.

Ich möchte Sie in Kenntnis dieser Tatsachen bitten – auch zur Wahrung des politischen Anstandes
der Mandatsträger der Hauptstad Berlin – von einer Ernennung des Herrn Gauck zum Ehrenbürger Berlins Abstand zu nehmen.

Mit freundlichen Grüßen

Dr. Matthias Werner
Präsident
des Ostdeutschen Kuratoriums von Verbänden e.V.

Kontakt: Franz-Mehring-Platz 1, 10243 Berlin; Dienstags:10.00-12.00 Uhr, Raum 630;
Tel.: 030/2978-4630; Bankverbindung: IBAN DE3010020500003359600, BIC: BFSWDE33BER;
Bank für Sozialwirtschaft

Internet: http://www.okv-ev.de
E-Mail: info@okv-ev.de

Es gibt Bürger mit Zivilcourage

Der Präsident hat gern devote Bürger um sich versammelt. Jedoch nicht alle Bürger sind über Einladungen zu Festen mit Herrn Gauck erfreut. Der Leipziger Journalist und Schriftsteller Volly Tanner schlägt die Einladung des Bundespräsidenten zum Festempfang am 3. Oktober aus. »Ich könnte mir am nächsten Morgen nicht mehr im Spiegel in die Augen schauen, wenn ich vor Ihnen – als herausragenden Protagonisten einer derzeit destruktiven Entwicklung unserer Gesellschaft – das Haupt neige und Ihnen die Hand reichen würde. All meine Veranstaltungen und all mein Schreiben wären Staffage, wenn ich Ihrer Einladung folgen würde«, schreibt er dem Bundespräsidenten.[53]

Auf diesen Brief gibt es im Internet 64 Zuschriften, alle 64 (!) unterstützen das Verhalten des Absenders, keine einzige spricht sich für den Bundespräsidenten aus.

Das ist großer Teile des Volkes Meinung, nicht die manipulierten Umfragen der Massenmedien: »Klasse, Herr Tanner«, »Meinen Respekt für diese klaren Worte«, »Richtig so, ich wünschte, es wären mehr Menschen in Deutschland mit so viel Courage unterwegs«, »Ich gratuliere Ihnen zu Ihrer Größe und Ihrer Integrität und dass Sie den Mut haben, die Wahrheit zu sagen«.

Es gibt noch andere Aspekte zu den Einladungen ins Schloss. Eine Bürgerin aus Neubrandenburg schreibt:

»Da ich der Meinung bin, dass unserem »Präsidenten der Herzen« (das müssen aber schon Herzen aus »Das kalte Herz« oder steinerne Herzen sein!) möglichst viele im Licht seiner wirklichen Charaktereigenschaften kennenlernen sollten, schi-

---

53 Quelle: www.vollytanner.wordpress.com/2014/09/10/mein-schreiben-an-den-bundesprasident

cke ich das beiliegende Faksimile. ... Der Text machte mich stutzig: Welche Befugnisse hat irgendeine Frau – weder gewählt, noch ermächtigt, noch delegiert –, nur weil sie Tisch und Bett mit dem Bundespräsidenten teilt, zu so einem Staatsempfang einzuladen? Und die 1. Reihe der Einladung? Soll die ein Ehepaar suggerieren?«

Vorrangig die Yellow-Press stürzt sich auf das »Privatleben« von Joachim Gauck

Damit kommen wir nicht umhin, etwas stärker ins »Privatleben« des Staatsmannes Gauck einzudringen. Wir hatten zwar in den Erstausgaben unseres Buches zum Ausdruck gebracht, dass wir nicht die Absicht haben, in »Gaucks Privatleben herumzustochern.« Allerdings hatten wir schon damals den Interview-Partnern des SPIEGEL geraten, Gaucks eigener Aussage: »*ich bin weniger moralisch, als man es von mir als ehemaligem Pfarrer vielleicht erwarten würde*«, etwas mehr Aufmerksamkeit zu widmen. Sie haben es leider versäumt. Offensichtlich erreicht die Verschleierungstaktik Gaucks und der Medien auf diesem Gebiet aus gutem Grund ihren Höhepunkt.

Inzwischen sind weitere pikante Details an die Öffentlichkeit gekommen, die die Redlichkeit des Amtseides des Bundespräsidenten Gauck in Frage stellen.

»Ich schwöre, dass ich meine Kraft dem Wohle des deutschen Volkes widmen, seinen Nutzen mehren, Schaden von ihm wenden, das Grundgesetz und die Gesetze des Bundes wahren und verteidigen, meine Pflichten gewissenhaft erfüllen und Gerechtigkeit gegen jedermann üben werde. So wahr mir Gott helfe« (Amtseid des Bundespräsidenten gemäß Art. 56 des Grundgesetzes)

Ehe und Familie stehen unter besonderem Schutz der staatlichen Ordnung. (Grundgesetz Art. 6, Abs. 1)

Aus der Presse erfahren wir:

Mario Frank: »Gauck – eine Biografie«, Suhrkamp-Verlag 2013, Seite 281/82: »Gauck sei homosexuell«

»Zu allem Überfluss tauchte zum damaligen Zeitpunkt (1990) auch noch das Gerücht auf, Gauck sei homosexuell und ihn verbinde mit seinem Pressesprecher David Gill mehr als nur ihre berufliche Beziehung. Gauck erinnert sich: »Das kam zeitversetzt, quasi als Zweitschlag. Die Frage hinter vorgehaltener Hand, ist er nicht vielleicht schwul, dieses Muster kannte ich von der Stasi. David Gill und ich haben damals darüber gelacht und uns auf die Schenkel geschlagen.«

Die aktuelle Nr. 8/13: »Was tun sich da für Abgründe auf.« [54]

»Der nette Herr Gauck – so verantwortungsbewusst, so seriös. Deutschland ist stolz auf seinen Bundespräsidenten. Und jetzt das! Eine neue Biografie über Joachim Gauck, 73, könnte seinen Ruf ruinieren. Von wegen ein Mann, der kein Wässerchen trüben kann. Die Lektüre macht fassungslos. Der hat's ja faustdick hinter den Ohren. ... Stürzt er jetzt über sein Liebesleben? ...

In jungen Jahren versagte er völlig. Als früher Vater bekam er sein Studium nicht hin. Hansi erzog die Kinder, verdiente den Löwenanteil – und er sollte sein Examen machen. Er bekam es nicht auf die Reihe, suchte immer wieder nach Fristverlängerungen. Endstation – Psychiatrie. ... Am 9. Oktober 1964 diagnostizierte der behandelnde Arzt ... eine »abnorme Persönlichkeit.« Erst nach 14 Semestern bestand er endlich das Examen. Was tun sich da für Abgründe auf! Angeblich soll Gauck sogar eine Schwäche für Männer gehabt haben, besonders für seinen (jetzigen) Pressesprecher David Gill, 47. Gaucks Ruf ist ramponiert. Schade. Ein Bundespräsident sollte doch Vorbild sein.«

---

54 Gemeint ist die bereits von uns genannte Biografie von Mario Frank

Das Neue Blatt Nr. 37/2013 »Neue Geliebte aufgetaucht«

»Was im Moment über Deutschlands elften Bundespräsidenten ans Licht kommt, ist wirklich brisant! Es geht um seine diversen Frauengeschichten – und die haben es in sich … Was denkt sich eigentlich Joachim Gauck dabei, inzwischen ein Leben mit drei Frauen zu führen?«

Der Spiegel 35/2013 »Die drei First Ladys«

»Er werde sich nicht scheiden lassen, auch nicht als Präsident. Und dabei ist Gauck geblieben … Bis heute ist Gauck verheiratet mit Hansi Gerhild … Seit dem Jahr 2000 ist der Ex-Pfarrer mit der Journalistin Daniela Schadt liiert, der offiziellen First Lady … Aber sie ist nicht die einzige Frau an seiner Seite: Seit Februar hat Gauck beruflich wieder viel mit seiner früheren Lebensgefährtin Helga Hirsch zu tun. Publizistin Hirsch und Pastor Gauck wurden nach der Wiedervereinigung ein Paar … Nun berät sie ihn »auf Stundenbasis« … vor allem »bei der Vorbereitung von öffentlichen Auftritten« und auch in »Fragen der persönlichen Rhetorik und des textlichen Stils«.

Der Tagesspiegel vom 27. August 2013: »Porträt Helga Hirsch – Journalistin«

»Was wäre wohl geschehen, wenn Christian Wulff als Bundespräsident seine erste Ehefrau zur offiziellen Kommunikationsberaterin ernannt und aus dem Etat des Präsidialamtes bezahlt hätte? … Für die Öffentlichkeit wäre eine solche persönliche Beziehung im obersten Staatsamt auf jeden Fall pikant. Schließlich residiert im Schloss Bellevue nicht irgendein Publizist, der sich Inspiration bei einer Muse sucht, sondern der oberste Repräsentant des Staates.«

Woche heute Nr. 37/13: »Wie viele Frauen darf ein Bundespräsident haben?«

»Er ist verheiratet, hat eine Freundin und die Ex ist seine Beraterin. Stellen Sie sich vor: Sie leben seit Jahren mit einem Mann zusammen, der sich nicht scheiden lässt. Und dann stellt Ihr Lebenspartner auch noch seine Ex-Freundin, also Ihre Vorgängerin, als persönliche Beraterin ein. Das geht gar nicht? Von wegen! Genau das macht unser Staatsoberhaupt Joachim Gauck (73). Deshalb stellen sich einige die Frage: Wie viele Frauen darf ein Bundespräsident haben?«

Die Neue Frau Nr. 4/2015: »Wie gefährlich wird ihm seine Ex? Sie kennt die intimsten Geheimnisse«

»Bundespräsident Joachim Gauck (74) hat ... eine ehemalige Geliebte: Helga Hirsch (66). Und bis heute nimmt sie einen wichtigen Platz in seinem Leben ein, arbeitet sogar für ihn. Weil er sie so besänftigen und unter Kontrolle halten will? ... Es ist Helga Hirsch, die einen Teil seiner Reden bearbeitet. Und genau darin liegt die nächste Gefahr! In einer Biografie packte sie schon einmal aus. Was, wenn die Gefühle mit der einstigen Freundin von Joachim Gauck durchgehen, wenn sie aus Zorn, Wut oder gar Eifersucht Fehler in seine Reden einbaut? Für den Bundespräsidenten wäre das fatal!. ... Helga Hirsch hat also eine gewisse Macht, die sie ausspielen kann – und das auch schon bewusst gemacht hat?«

Ist das nun alles? Sicher nicht!

Ein Sumpf zieht am Gebirge hin,
Verpestet alles schon Errungene;
Den faulen Pfuhl auch abzuziehn,
Das letzte wär' das Höchsterrungene ...

(Johann Wolfgang von Goethe,
Faust, zweiter Teil, fünfter Akt)

Unser erstes Buch »Joachim Gauck. Der richtige Mann?« schloss mit einigen Feststellungen:

»Wir haben Ihnen ungezählte unangemessene Verhaltensweisen, Unwahrheiten, Halbwahrheiten und Verheimlichen in Ihrer Biografie nachgewiesen. Wir haben dokumentiert, dass Ihre »eidesstattlichen Versicherungen« nicht das Papier wert sind, auf denen sie stehen. Wir haben Ihr Anbiedern an die Organe der Staatsmacht der DDR und die Erlangung persönlicher Vorteile offengelegt. Wir haben enthüllt, wie Sie in entscheidenden politischen Situationen in Rostock »abgetaucht« sind, bis der Sturm vorbei war. Wir haben den Einfluss nationalsozialistisch geprägter Verwandter auf Ihre Entwicklung dargelegt und bemängeln, dass Sie bis heute keine klaren Positionen zur Abgrenzung beziehen. Wir haben nachgewiesen, wie Sie »Nationalsozialismus« und Sozialismus in einen Topf werfen. Wir stellen fest, dass traumatische Erlebnisse in Ihrer Kindheit sie bis heute stark prägen. Wir haben dargelegt, wie Sie Ihr Amt als Vorsitzender der nach Ihnen benannten Behörde dazu missbraucht haben, ungezählte Menschen zu drangsalieren, zu diffamieren und sozial auszugrenzen. Viele haben keinen Ausweg mehr gesehen und begingen Selbstmord, obwohl diese nichts anderes getan haben als Sie auch: Kontakte zum Ministerium für Staatssicherheit zu unterhalten. Wir haben mehrere Widersprüche in Ihrem privaten Leben – sicher nur zu Teilen – dargelegt. Wir haben nachgewiesen, dass Sie als Präsident der Bundesrepublik Deutschland Ihr Amt missbrauchen, um persönliche Ressentiments gegen die seit fast einem Vierteljahrhundert untergegangene DDR auszuleben. Wir haben herausgestellt, dass Sie rückwärts denken und politisch unfähig und nicht willens sind, Gedanken zur Lösung der Probleme der Gegenwart und Zukunft einzubringen. Wir haben gezeigt, dass Sie nicht die Interessen der Benachteiligten dieser Gesellschaft wahrnehmen, sondern sich stattdessen bei den Herrschenden anbiedern. Wir haben besonders Ihre Befürwortung von Kriegseinsätzen der Bundeswehr gebrandmarkt. Wir haben Auffassungen Ihrer theologischen Berufskollegen zitiert, die Sie auf Grund Ihrer Vergangenheit und Ihres Verhaltens für ungeeignet als Präsident halten. Wir stimmen mit diesen überein. Aus unseren Darlegungen ergibt sich in geradezu klassischer Weise, dass Sie den honorigen Anforderungen an das Amt nicht entsprechen.«[55]

Nach den neuen Recherchen hätten wir einige weitere Fragen an den Bundespräsidenten zu stellen:

Sie haben bei Ihrem Indien-Besuch die Todesstrafe kritisiert. Werden Sie das bei Ihrem nächsten Zusammentreffen mit dem US-Präsidenten auch tun?

Bereits bei der Verleihung des Ludwig-Börne-Preises 2011 haben

55 Blessing/Manteuffel a.a.O., Seite 158/159

Sie kriegerische Einsätze in arabischen Staaten begrüßt und erklärt: »Man möge nicht als erstes Angst haben, wo das endet,
sondern Freude, dass es beginnt.« Angesichts des Desasters, das
diese Kriegseinsätze in den arabischen Staaten hervorgebracht
haben: Sind Sie immer noch dieser Meinung?

Halten Sie es für richtig, als Präsident der Bundesrepublik
Deutschland Zitate aus deutsch-amerikanischen »Denkfabri-
ken« zur Begründung Ihrer Politik zu übernehmen?

Ihre Kriegsrhetorik besonders auf der Münchner Sicherheitskonferenz und der polnischen Westerplatte hat zu einer empör-
ten Reaktion breiter Kreise der Bevölkerung geführt. Ziehen Sie
daraus Lehren?

Geben Ihnen die Antikriegsdemonstrationen vor Ihrem Amts-
sitz Anlass zum Überdenken Ihrer Positionen?

Der Brief ostdeutscher Theologen gegen Ihre Kriegsrhetorik
wurde von Ihrem Vorzimmer in Ihrem Auftrag beantwortet.
David Gill bezieht sich zur Rechtfertigung von Gewaltanwendung in internationalen Beziehungen auf eine Theologische
Erklärung aus dem Jahre 1934. Finden Sie es nicht ziemlich geschmacklos, heutige Kriegseinsätze der Bundeswehr mit theologischen Dokumenten aus der Nazizeit zu rechtfertigen? Wer hat
unterbunden, dass diese Briefe entgegen öffentlicher Ankündi-
gungen veröffentlicht wurden?

Bei Ihren Besuchen an Stätten besonders brutaler Verbrechen
der deutschen faschistischen Wehrmacht haben Sie sich tief
verbittert darüber gezeigt, dass »schwerste Verbrechen unge-

sühnt blieben.« Dem griechischen Präsidenten haben Sie versprochen, »in Deutschland davon zu sprechen und nicht zu verstummen.« Was haben Sie bisher unternommen, um dieses Versprechen einzulösen?

Sie haben in Ihrer Amtszeit mehrere Stätten im Ausland besucht, an denen Sie die grauenvollen Folgen des Wütens deutscher Faschisten gesehen haben. Sind Sie angesichts dessen immer noch der Meinung, dass deutscher Faschismus und »Zweite Deutsche Diktatur« gleich zu behandeln sind?

Schämen Sie sich nicht persönlich, in Russland und seinem Präsidenten die Feinde Europas zu sehen und damit Anstand und Ehre gegenüber fast 30 Millionen sowjetischen Opfern im Kampf gegen den Hitler-Faschismus vermissen zu lassen?

Im Gegensatz zu Ihrem Vorgänger haben Sie gegenüber den Bankern nicht das bestehende Wirtschafts- und Finanzsystem kritisiert, sondern vor allem die Bürger aufgefordert, »sich zu informieren und in Finanzfragen kompetenter zu werden.« Fühlen Sie sich als Bürger kompetent genug, um den Finanzdschungel zu verstehen?

Es existiert ein rechtskräftiges Urteil des Landgerichtes Rostock vom 22. September 2000. Das widerspricht Ihren im Prozess abgegebenen eidesstattlichen Erklärungen und stellt u.a. fest, dass Sie keinen Anspruch auf Unterlassung der Äußerung haben, »Sie seien Begünstigter im Sinne des Stasi-Unterlagengesetzes.« Wie vereinbaren Sie das angesichts der ungezählten Verfolgungen, die Sie als Vorsitzender der »Gauck«-Behörde zu verantworten haben, mit Ihrem jetzigen Amt?

Sie haben einen Amtseid geschworen, in welchem es heißt, dass Sie das Grundgesetz und die Gesetze des Bundes wahren und verteidigen werden. Wie wahren und verteidigen Sie angesichts Ihres ungeordneten »Privatlebens« Artikel 6, Absatz 1 des Grundgesetzes: »Ehe und Familie stehen unter besonderem Schutz der Staatlichen Ordnung«?

Sie haben als Vorsitzender der »Gauck«-Behörde im Jahre 1992 umfangreiche geheime NSA-Dokumente dem Bundesinnenminister und dieser den USA-Behörden übergeben. Dem Deutschen Bundestag erklärten Sie jedoch am 11.6.1993, »dass es bisher noch keinen Fall gegeben hat, in dem der Bundesinnenminister die ersatzlose Herausgabe« derartiger Unterlagen angeordnet hat. Mit welcher Motivation haben Sie den Bundestag belogen?

Stimmt es, dass Ihnen Anfang der 90er Jahre in Rostock der Führerschein entzogen wurde und warum?

Stimmt Ihre in den Memoiren niedergelegte Aussage, dass das »Haus am Deich« in Wustrow nur mit Krediten instandgesetzt wurde?

Bürgerinnen und Bürger aus Rostock und Umgebung haben sich zu Wort gemeldet. Anwohner und Nachbarn, Lehrer und Mitschüler, Theologen und Angestellte kirchlicher Einrichtungen, Ärzte und Schwestern der Uniklinik, Rechtsanwälte und Medienvertreter, Kriminalisten und Verkehrspolizisten haben uns weitere brisante Informationen gegeben. Die meisten Informanten möchten jedoch anonym bleiben. Beweisdokumente und Unterlagen sind nicht mehr auffindbar oder verschwunden.

Wir wollen und können nicht jedem dieser Hinweise nachgehen. Wir publizieren nur das, was beweisbar ist. Aber wir ahnen oder wissen, in welcher Sumpflandschaft wir uns befinden. Jedoch trockenlegen können wir sie nicht.

Haben aber nicht die verantwortlichen Politiker des Landes die Pflicht, zu klären, welche moralischen und politischen Qualitäten und welche Vergangenheit die Person hat, die von ihnen auf den Präsidentenstuhl gehoben wird?

Ist es nicht Aufgabe der meinungsbildenden Medien, die Öffentlichkeit über die Merkwürdigkeiten im Zusammenhang mit dem ersten Mann des Staates aufzuklären?

Ist es nicht Pflicht der parlamentarischen Instanzen, von den grundgesetzlichen Möglichkeiten Gebrauch zu machen?

Anlagen

Auszug aus dem Grundgesetz für die Bundesrepublik Deutschland

Artikel 61
[Anklage vor dem Bundesverfassungsgericht]

(1) Der Bundestag oder der Bundesrat können den Bundespräsidenten wegen vorsätzlicher Verletzung des Grundgesetzes oder eines anderen Bundesgesetzes vor dem Bundesverfassungsgericht anklagen. Der Antrag auf Erhebung der Anklage muß von mindestens einem Viertel der Mitglieder des Bundestages oder einem Viertel der Stimmen des Bundesrates gestellt werden. Der Beschluß auf Erhebung der Anklage bedarf der Mehrheit von zwei Dritteln der Mitglieder des Bundestages oder von zwei Dritteln der Stimmen des Bundesrates. Die Anklage wird von einem Beauftragten der anklagenden Körperschaft vertreten.

(2) Stellt das Bundesverfassungsgericht fest, daß der Bundespräsident einer vorsätzlichen Verletzung des Grundgesetzes oder eines anderen Bundesgesetzes schuldig ist, so kann es ihn des Amtes für verlustig erklären. Durch einstweilige Anordnung kann es nach der Erhebung der Anklage bestimmen, daß er an der Ausübung seines Amtes verhindert ist.

Anlage 2

Rücktrittsforderung von Steffen A. Pfeiffer an Joachim Gauck

Ich fordere den Rücktritt, und sollte er diesen ablehnen, ein Amtsenthebungsverfahren (nach Anklage gem. Art 61 GG) gegen den amtierenden Bundespräsidenten Joachim Gauck ...

Begründung:

Mit Gründung der Bundesrepublik Deutschland und im Gedächtnis an die Geschehnisse im 3. Reich bzgl. Angriffskrieg gegen Polen etc. und in der Intention, dass Deutschland nie wieder in einen Krieg zieht, wurde der Art. 26 ins Grundgesetz aufgenommen. Dieser Artikel besagt, das »Handlungen, die dazu geeignet sind und in der Absicht vorgenommen werden, das friedliche Zusammenleben der Völker zu stören, insbesondere die Führung eines Angriffskrieges vorzubereiten, sind verfassungswidrig. Sie sind unter Strafe zu stellen.«

Die Strafregelung erfolgt in den §§ 80 und 80a StGB:

§ 80 - Wer einen Angriffskrieg (Art. 26 Abs. 1 GG), an dem die Bundesrepublik Deutschland beteiligt sein soll, vorbereitet und dadurch die Gefahr eines Krieges für die Bundesrepublik Deutschland herbeiführt, wird mit lebenslanger Freiheitsstrafe oder mit Freiheitsstrafe nicht unter zehn Jahren bestraft.

§ 80 a - Wer im räumlichen Geltungsbereich dieses Gesetzes öffentlich, in einer Versammlung oder durch Verbreiten von Schriften (§ 11 Abs. 3) zum Angriffskrieg (§ 80) aufstachelt, wird mit Freiheitsstrafe von drei Monaten bis zu fünf Jahren bestraft.

Meinem Rechtsempfinden nach ist zumindest der § 80a StGB erfüllt. Denn mit seinen Reden vor der Sicherheitskonferenz in München und bei dem Interview, das BuPrä Gauck dieser Tage gab, spricht er davon, dass Krieg, um Menschenleben zu retten, manchmal notwendig sei. Er gibt damit die Zurückhaltung, selbst bewusst so begründet und die in der BRD seit Gründung Konsens war, verbal aktiv und offensiv auf. Zugleich verstößt er damit gegen den Amtseid, den er bei seiner Wahl zum Bundespräsidenten durch das Plenum und entsprechende Wahlleute aus dem Volk in 2012 gegeben hat. Gem. Art. 56 GG lautet dieser: »Ich schwöre, daß ich meine Kraft dem

Wohle des deutschen Volkes widmen, seinen Nutzen mehren, Schaden von ihm wenden, das Grundgesetz und die Gesetze des Bundes wahren und verteidigen, meine Pflichten gewissenhaft erfüllen und Gerechtigkeit gegen jedermann üben werde. So wahr mir Gott helfe.«Der Eid kann auch ohne religiöse Beteuerung geleistet werden.

Die Zurückhaltung in Bezug auf die Rolle bei Kriegen aufzugeben ist ein direkter Verstoß gegen diesen Amtseid. Und diese Petition findet somit auch im Sinne von Art. 20 Abs. 4 statt: (4) Gegen jeden, der es unternimmt, diese Ordnung zu beseitigen, haben alle Deutschen das Recht zum Widerstand, wenn andere Abhilfe nicht möglich ist.

Zum Ende der Begründung möchte ich damit Bundespräsident Gauck selbst sinngemäß zitieren, sollte er nicht freiwillig zurücktreten und die Petition kein Gehör finden beim Parlament: »Wir müssen auf die Straße gehen, um diese Spinner in ihre Schranken zu weisen.« Da dieser sinngemäße Satz der Diktion des Bundespräsidenten entspringt und vom BGH als nicht beleidigend anerkannt ist, ist meine Aussage hierzu: »Der Spinner, der Kriegseinsätze aktiv zu rechtfertigen versucht, gehört in seine rechtmäßigen Schranken gewiesen und repräsentiert das deutsche Volk mit dieser Meinung nicht.«

Zudem widerspricht es jedem christlichen Sittenbild, Kriege aktiv zu fördern oder gar selbst gut zu heißen. Es hat nichts mit den Schwertern zu Pflugscharen zu tun, wie sie sogar in der DDR gefordert wurden.

Mit freundlichem Gruß
Steffen A. Pfeiffer
Wasserpilger
Internetseite des Verfassers
Facebook-Seite des Verfassers
Facebook-Profil des Verfassers
Im Namen aller Unterzeichner/innen.
Freiberg am Neckar, 18.06.2014 (aktiv bis 17.09.2014)
Quelle: www.openpetition.de/petition/online/ruecktritt-von- bundespraesident-joachim-gauck

Anlage 3
Antwortschreiben von David Gill an die Theologen (Faksimilie)

DER CHEF
DES BUNDESPRÄSIDIALAMTES

Staatssekretär David Gill

11010 BERLIN, DEN 18. Juli 2014

Herrn
Klaus Galley
Idastraße 23

13156 Berlin

Sehr geehrter Herr Galley,

Bundespräsident Joachim Gauck hat mich gebeten, Ihnen für Ihren gemeinsam mit Herrn Menthel verfassten Brief vom 30. Juni 2014 zu danken und – obgleich es sich um einen offenen Brief handelt – auch zu antworten.

Dem Bundespräsidenten ist sehr wohl bewusst, dass er mit seinen Äußerungen zu der Verantwortung Deutschlands in der Welt in seiner Rede vor der Münchner Sicherheitskonferenz ein schwieriges und kontroverses Thema angesprochen hat. Gleichwohl war und ist es ihm ein Anliegen, hierzu Denkanstöße zu geben und seinen Debattenbeitrag zu leisten.

Zur Vorbereitung seiner Münchner Rede hat der Bundespräsident zahlreiche Gespräche mit Experten aus verschiedenen Bereichen – darunter Politologen, Völkerrechtler, Menschenrechtler und Experten für Sicherheits- und Verteidigungspolitik – geführt. Deren Ergebnisse sind in die Rede eingeflossen.

Der Bundespräsident sieht die primäre Aufgabe der Staatengemeinschaft – und damit auch der Bundesrepublik Deutschland – darin, präventiv zu handeln und zivile Konfliktlösungen zu fördern und weiter zu entwickeln. Die Intensität, mit der die Bundesregierung in der aktuellen Ukraine-Krise mit diplomatischen Mitteln agiert,

- 2 -

entspricht in vollem Umfang den Vorstellungen des Bundespräsidenten, so, wie er das in seiner Münchener Rede angedeutet hat: Frühzeitiges, intensives Engagement, im Bündnis mit anderen Partnern.

Seien Sie versichert, dass der Bundespräsident auch weiterhin eine „verlässliche Position zum Frieden" einnimmt, bei der er sich genauso wie Sie von seinem christlichen Wertefundament und dem Bewusstsein für die besondere Verantwortung leiten lässt, die aus der Geschichte unseres Landes erwächst. Zu dieser Geschichte gehört auch, dass ohne Einsatz bewaffneter Kräfte keine Befreiung von der Hitlerdiktatur möglich gewesen wäre.

So kann es trotz Ausschöpfung aller diplomatischen Möglichkeiten erforderlich sein, im Rahmen verantwortlichen Handelns auch den Einsatz von Soldaten in Erwägung zu ziehen – als ultima ratio-Element einer Gesamtstrategie und unter klaren verfassungsrechtlichen Vorgaben wie dem Beschluss des Sicherheitsrates der Vereinten Nationen. Vor dem Hintergrund etwa des Völkermords in Ruanda ist der Bundespräsident der Überzeugung, dass es in Situationen, in denen das Leben hunderttausender von Menschen durch unmittelbare Gewaltanwendung gesetzloser Aggressoren bedroht ist, sehr wohl ethisch geboten sein kann, Leben und Sicherheit dieser Menschen äußerstenfalls auch mit militärischen Mitteln zu schützen. In dieser Auffassung sieht er sich unterstützt durch Äußerungen Martin Luthers wie auch durch die „Barmer Theologische Erklärung" von 1934 in der es heißt: „Die Schrift sagt uns, dass der Staat nach göttlicher Anordnung die Aufgabe hat in der noch nicht erlösten Welt, in der auch die Kirche steht, nach dem Maß menschlicher Einsicht und menschlichen Vermögens unter Androhung und Ausübung von Gewalt für Recht und Frieden zu sorgen. Die Kirche erkennt in Dank und Ehrfurcht gegen Gott die Wohltat dieser seiner Anordnung an."

Der evangelische Christ Gauck kann somit nicht erkennen, dass der vom Evangelium gewiesne Weg ausschließlich der Pazifismus sei. Auch in den wesentlichen

- 3 -

Äußerungen der evangelischen Kirche ist dies so nicht dargestellt worden. In der politischen Geschichte der Bundesrepublik ist zudem immer von einer auch ethisch begründeten Verteidigungsbereitschaft ausgegangen worden.

Dem Bundespräsidenten ist sehr wohl bewusst, dass die Entscheidung über den Einsatz militärischer Mittel immer mit der Gefahr verbunden ist, schuldig zu werden. Das Gleiche gilt freilich auch für die kategorische Ablehnung jedweder militärischer Option.

Mit freundlichen Grüßen

Anlage 4:

**Schreiben des Theologen Dr. Dr. Gerhard Heine an
Karin Göring-Eckhardt**

Dr. Dr. Gerhard Heine

Frau
Katrin Dagmar Göring-Eckardt
Fraktionsvorsitzende
Bündnis 90/Die Grünen
katrin.goering-eckardt@bundestag.de   8. November 2014

**Die friedensstiftende Kraft unserer Religion darf ihr nicht durch
Einzelne genommen werden.**

Sehr verehrte Frau Göring-Eckardt,

Ihre Biografie hat mich über viele Jahre bis heute beeindruckt, insbesondere durch Ihr engagiertes Wirken als Mitglied im Rat der EKD,
so besonders als Präses.

Dass Sie sich nun mit diesem christlichen Hintergrund berufen fühlen, Herrn Bundespräsident Pastor Dr. Gauck für seine letzten, und
in Ihren Interviews auch für seine vorherigen geäußerten Ansichten
und Appelle, beschützen zu müssen, lässt bei mir als Christ Verwun-
derung aufkommen.
67 ostdeutsche Pfarrer haben sicher ihre Gründe für ihr als offenen
Brief deklariertes Schreiben an ihren Amtsbruder Bundespräsident

Pastor Dr. Gauck gehabt. Herr Bundespräsident Gauck soll den Pfarrern auch eine Antwort auf diesen »offenen Brief« haben zukommen lassen. Selbst über Bitten an das Bundespräsidialamt und Nachfragen bei der Presse bleibt dieses Schreiben für uns Bürger unzugänglich. Vielleicht können Sie mir dabei helfen, diesen Antwortbrief des Bundespräsidenten als Bürger einmal lesen zu dürfen, um aufgekommenes Misstrauen abbauen zu helfen.

Es ist auch für mich schwer zu verstehen, wie auf der einen Seite »*Die Sorge um die hohe Zahl der Kirchenaustritte*« aufkommt, wo Sie doch »*froh wären, wenn mehr Menschen zum Glauben fänden*«, und andererseits darauf negativ Einfluss nehmen könnende Verhaltensweisen von Seiten der Kirche durch ihre berufenen Vertreter unberücksichtigt bleiben, vielleicht nicht einmal bemerkt oder gar nicht Einfluss nehmen wollend wahrgenommen werden, ja sogar noch unterstützt und überdies gelobt werden. Es wäre ein folgenschwerer Fehler von Seiten unserer Kirche, *mit solchen Parteinahmen* hoffen zu wollen, Menschen für unsere Kirche und für unseren Glauben gewinnen zu können. Es besteht eher die Gefahr, noch mehr zu verlieren.

Der durch den Mauerfall erhoffte religiöse Aufschwung blieb nachweislich aus. Das muss doch nachdenklich stimmen und veranlassen, nach Gründen dafür zu suchen und nicht noch Gründe zu schaffen oder schaffen zu lassen, die möglicherweise Kirchenaustritte begünstigen könnten.

Wenn Sie an die deutsche Bevölkerung gerichtete Appelle Ihres Amtsbruders Pastor Dr. Gauck, *die bisherige Zurückhaltung für militärische Einsätze aufzugeben* und *aus »Dankbarkeit« unseren »Freunden« gegenüber« militärischen Vorhaben zustimmend eingestellt zu sein*«, und das mit der Empfehlung, dass »*ein Nachdenken darüber obsolet wäre*«,

vertretbar verteidigungswürdig halten und dies mit »*wünschenswer-*
ter Meinungsstärke« rechtfertigen, nehmen Sie mir mein bisheriges
Vertrauen zu unseren kirchlichen Vertretern.

Über die »Leistungen« dieses durch Herrn Bundespräsident Pastor
Dr. Gauck zum »Freund« erklärten und ihm zu folgernden Bünd-
nispartners, den Völkern allein in Korea, Laos, Kambodscha und Vietnam Freiheit, Demokratie und Menschenrechte zu bringen, müssten Sie in einem so hohen ehemaligen und jetzigen Amt eigentlich
informiert sein; und Sie müssten auch wissen,

**»dass das Strafverfahren gegen den ehemaligen US- Präsidenten
George W. Bush und den ehemaligen britischen Premierminister
Tony Blair vor der Kuala Lumpur War Crimes Commission (KL-
WCC) mit einem Schuldspruch gegen die Angeklagten endete.
Bush und Blair sind somit auf die offizielle Liste der weltweit ge-
suchten Kriegsverbrecher gesetzt.« !**

Nun zu den Ihnen bekannt sein müssenden Fakten:
»450.000 Tonnen an Bomben wurden vor allem von der US Air Force
über Korea abgeworfen, dabei kamen 32.357 Tonnen Napalm zum
Einsatz. Dies war überaus verheerend, weil dort viele Ballungszent-
ren mit größerer Bevölkerungsdichte und mehr Industrie existierten.
Hunderttausende wurden ermordet.«

»2 Millionen Tonnen US-Bomben fielen auf Laos, das damit zum
meist bombardierten Land der Welt wurde. Heute liegen immer noch
etwa 8 Millionen Bomben verstreut herum. Vor allem so genannte
Cluster- oder Streubomben. Es ist nicht zu fassen, dass die USA weiterhin Clusterbomben bzw. Streubomben in Kriegen einsetzt, z. B. in
Afghanistan und Irak und Nationen platt schießt.«

Quelle: Fédération/Fondation Suisse de Déminage FSD (Schweizerische Stiftung für Entminung) »US-Bombenkrieg gegen Laos«

»Über Kambodscha wurden 3.800 Angriffe geflogen, bei denen 108.823 Tonnen Bomben abgeworfen wurden. Opfer waren vor allem Frauen, Kinder, Ältere, Dörfer, Städte und die Reisernten.«

»Im gesamten Vietnamkrieg wurden doppelt so viele Bomben wie im Zweiten Weltkrieg abgeworfenen, in Zahlen 7,5 Millionen Tonnen.«

»Zwei bis vier Mio. vietnamesische Zivilisten starben, viele darunter durch exekutionsartige Gräueltaten und Massenexekutionen. Millionen Vietnamesen wurden verstümmelt und dem hochgiftigen Entlaubungsmittel Agent Orange ausgesetzt. Sie töteten laut McNamara »wöchentlich 1000 Zivilisten«, auch mit Napalm und Splitterbomben.

Diese Vorgehensweise wurde von den USA als das historisch größte Programm chemischer Kriegführung bezeichnet (Allein 20 Mio. Gallonen (80 Mio. Liter) der mit Dioxin verunreinigten Herbizide).

Im Krieg in Vietnam wirft die US-Armee mehrere hunderttausend Tonnen Sprengstoff auf das Land. Die Ziele sind nicht ausschließlich militärischer Art. »Sobald brennendes Napalm die Haut erreicht, lässt es sich kaum entfernen und kaum mit Wasser löschen. Es klebt auf der Haut und führt zu fressenden, schwelenden Brandwunden, die oftmals zu Hautkrebs werden. Menschen, die nicht direkt getroffen werden und nicht durch die entstehende Hitze und die giftigen Verbrennungsgase sterben, werden oftmals erstickt, da die hohe Flammendichte extrem viel Sauerstoff verbraucht.«

»Nach dem Vietnam-Krieg wurde eine internationale Konvention verabschiedet, die den Einsatz von Brandbomben ächtet. Diese Konvention wurde von den USA nicht unterschrieben.«

»Auch im Irak-Krieg 2003 wurde Napalm-Munition vom US-Militär eingesetzt. Das sei notwendig und legal gewesen, sagte ein Pentagon-Sprecher. Man habe die MK-77-Brandbomben abgeworfen, um mit einem »schwierigen Feind« umzugehen.«

Auch die zum Vorwand konstruierten Lügen für den bestialischen Überfall auf das irakische Volk durch die USA hätten Ihnen als eine gehobene Amtsinhaberin unserer Kirche bekannt sein müssen, ebenso die Gräueltaten in Afghanistan und die von den USA-Regierungen veranlassten Folterungen von unschuldigen Menschen an so vielen Orten der Welt sowie die Schaffung und weitere Unterhaltung von rechtsfreien Gebieten und auch die Legitimation für Folter entgegen dem Artikel 5 der Allgemeinen Erklärung der Menschenrechte vom 10. Dezember 1948

Artikel 5 Niemand darf der Folter oder grausamer, unmenschlicher oder erniedrigender Behandlung oder Strafe unterworfen werden.

Ich kann Ihnen zu dieser belastenden Thematik noch viele recherchierte authentische Fakten nennen, auch gegenwärtige, die mich berechtigen, Ihr Handeln als Christin nicht mehr verstehen zu können.

Was haben Sie, Frau Göring-Eckardt, persönlich allein oder mit anderen gemeinsam mit offen kundgetanen Worten oder schriftlich *nachweislich!* damals als Mitglied des Rates der EKD getan, den schon lange vorher geplanten, für alle offensichtlich verbrecherischen Irakkrieg zu verhindern, um »*deinen Mund zu gerechtem Spruch zu öffnen und dem Elenden und Armen Recht zu schaffen*«*(Spr. 31,9)*, entsprechend auch »*Das Evangelium gebietet aber nicht zuzusehen.*«(Dr. Nikolaus Schneider, 27.8.2014)?

Pressestellen der USA-Regierung äußern schon seit längerem, dass die derzeitigen Zustände im Irak und Umgebung durch die USA begünstigt wurden. Ähnliche Einschätzungen sind von dort auch für Afghanistan hör- und lesbar.

Da wird zum »*Umdenken*« aufgerufen, noch mehr Flüchtlinge aufzunehmen, was derzeit notwendig, gut und richtig ist; aber haben diese Aufrufer jemals etwas getan, solche Flüchtlingsströme gar nicht erst entstehen zu lassen?

Was haben Sie nachweislich diesbezüglich getan?

Dass jetzt eine Begrenzung des militärisch geführten Konflikts ohne militärisches Vorgehen kaum noch möglich sein wird, ist denen zu verdanken, die dem Treiben »unserer Freunde« schweigend zugesehen haben, entgegen Spr. 31,9!

Diese mitgeschaffene Situation zu benutzen, ohne eine moralische Mitschuld zu bekennen, die Denkmuster und Appelle des Herrn Bundespräsident Pastor Gauck rechtfertigen zu wollen, entbehrt für mich einer gewissen Aufrichtigkeit.

Sollten Sie geschwiegen haben, unterstelle ich Ihnen eine Mitschuld an den derzeitigen, nun auch Christen bedrohenden dortigen Zuständen, ebenso, dass durch ein solches Verhalten kreative und finanzielle Ressourcen der Menschheit entzogen werden konnten, um sie für Kriege und Schaffung von Elend, Leid und Verwüstung verfügbar zu machen.

Von den von Herrn Bundespräsident Pastor Gauck oben bezeichneten »Dankbarkeit« entgegenzubringenden »Freunden« wurden Politiker unserer deutschen Regierung wegen ihrer nach Herrn Pastor Gauck abzulegenden Zurückhaltung von Beteiligungen an Kriegen in widerlicher, abstoßender Weise erniedrigend beschimpft:

»Die Weicheier!«, »Wir brauchen die Flaschen nicht!«, »Entweder ihr seid mit uns oder ihr seid belanglos!«, »Das alte Europa ist irrelevant!«)(Während des Irakkrieges: »Korea machen wir nebenbei!«) (Der Krieg im Irak wurde mit game bezeichnet.)

Was ist das für ein Pastor, der uns solche Wesen zu »Freunden« machen will, nur weil es vermutlich seine Freunde sind?

Sollten Sie das alles gewusst haben, was ich für eine solche Amtsinhaberin voraussetzen darf, wiegt Ihr Handeln um so schwerer.

Auf der Grundlage dieser Tatsachen erschüttert Ihr Verhalten das Fundament meines Glaubens.

Ich kann darin kein Handeln erkennen, dass Gott zur Ehre gereicht!

Denn wenn sich unsere Kirche solcher von Ihnen zu Vorbildern gemachter Personen bedient, um sich kenntlich zu machen und dadurch für viele auch erkennbar, offenbart sie Anzeichen von Besorgnis erregendem Mangel an Glaubensfestigkeit.

Noch eine einbeziehungsberechtigte Frage an Sie, Frau Göring-Eckardt:

Haben Sie Ihrer Amtskollegin Frau Prof. Käßmann, die sich für friedliche Konfliktlösungen eingesetzt hat und weiter einsetzt, beigestanden (wie jetzt für mich unverständlich Herrn Pastor Gauck), als sie deshalb und weil sie die Situation in Afghanistan entgegen den für das Volk bestimmten verlogenen Beschreibungen wahrheitsgetreu benannte öffentlich beschimpft und verhöhnt wurde ?

Sie musste dem ehemaligen Verteidigungsminister Franz Josef Jung und dem einstigen Staatssekretär Friedbert Pflüger unter dem Beisitz von Angela Merkel Rede und Antwort stehen.

Der damalige Wehrbeauftragte Reinhold Robbe (SPD) spottete über die vermeintliche Naivität der Bischöfin und riet ihr, sich »mit den Taliban in ein Zelt zu setzen und über ihre Phantasien zu diskutieren, gemeinsam Rituale mit Gebeten und Kerzen zu entwickeln«.

Da ich in diesem an Sie gerichteten Schreiben Frau Prof. Käßmann erwähne, werde ich ihr gleich noch heute eine Kopie zukommen lassen müssen. Ich denke, dass es auch sinnvoll ist, Herrn Hans-Christian Ströbele informativ einzubeziehen.

Dass Sie diesem aus meiner Sicht unserer Kirche Schaden zufügenden Prediger Pastor Gauck mit einer solchen Persönlichkeitsstruktur bei seinen unchristlichen und auch antichristlichen Aktionen behilflich sind, kann ich nicht mehr schweigend hinnehmen.

Von mir gesehen, und dies ist fachlich untermauert, ist dieser Mann von Hass geprägt, den er missbräuchlich mittels seines Amtes von Kirchenkreisen geduldet und sogar unterstützt auf unser Volk parteipolitisch ausstreuen und verbreiten darf.

Ich bin davon überzeugt, dass er dazu beiträgt, das so notwendige Zusammenwachsen unserer Nation (Willy Brandt) blockierend beeinflusst und unserer errungenen Demokratie Kraft entzieht und ihre Bedeutung mindert.

Es gibt allein in unserem Lande konkret erkennbare, den Menschen Leid und Sorge schaffende schwerwiegende Missstände – so die vielen Arbeitslosen, die zunehmende Armut, die sich progredient divergierend entwickelnde Kluft zwischen Armen und Reichen, die zunehmende Anzahl von Verbrechen mit zunehmender Brutalität und und und ...

Warum nimmt sich dieser Bundespräsident Pastor Dr. Gauck als »Christ« nicht dieses schon nur wenige hundert Meter von seinem Schloss beginnenden Leides an ?

Die gesellschaftlich bedingten Ursachen und auch die Verursacher dafür sind bekannt.

Ich vermute Schläue, die Herrn Pastor Gauck gebietet, diese nicht zu benennen, denn für ihn und seine Lebensgefährtin kann, ja soll ja alles so bleiben! Er für sich findet sorgenfrei mit gesicherten Privilegien und überreichlich versorgt ein solches Deutschland verständlicherweise wunderbar, die unschuldig vom Leid Betroffenen finden es unter einer solchen »*Fürsorge*« ganz sicher anders.

Wo bleibt hier der Christ Pastor Gauck ?

Nur ganz kurz *ein* Beispiel für schon lange zu erwartende notwendige Aktivitäten des Bundespräsidenten:

Es ist wissenschaftlich belegt, dass so genannte Gewalt-Videos und Gewaltfilme nicht ohne negative Beeinflussung bei den sich diese Ansehenden bleiben.

Selbst wenn ganz in der Nähe seines Schlosses gar nicht so selten Gewalttaten geschehen, trägt er zwar charismatisch Erschütterung, Empörung, Entsetzen, Bedauern für die Opfer, Aufrufe zu mehr Zivilcourage an die Öffentlichkeit, eine wirksam werden könnende Einflussnahme durch ihn vermisse ich.

Ich hoffe nicht, dass der Grund für seine diesbezügliche Zurückhaltung der Schutz von Arbeitsplätzen für die Produzenten und Vertreibungsketten solcher »Unterhaltungsprodukte« gepaart mit seiner »*hoch gelobten Freiheit*« *(Schorlemmer)* ist.

Beinahe krankhaft stürzt sich dieser *Freiheits- und Demokratie-Prediger (Schorlemmer)* aus meiner Kenntnis nun hasserfüllt auf ideologisch anders geprägte Menschen, die er einmal empfänglich dafür eingebrannt zu Feinden gemacht bekommen hat und in sich selber durch zu von mir zu vermutendem Mangel an Geschichtswissen, Empathie und christlichen Grundwerten hat wuchern lassen und wuchern lässt.

Das Verhalten dieses Pastors erinnert mich an die Kirchengeschichte des Mittelalters, weil er in entwürdigender Art pauschalisierend ganze Menschengruppen in üblen Ruf bringt ohne Berücksichtigung individueller menschlicher Werte in diesen Gruppen.

Von meinen fachlichen Beobachtungen her reichen bei ihm so genannte Schlüsselreize in Form von bei ihm negativ beladenen Begriffen für das Ausschütten von Hasstiraden aus.

Voreingenommen exzessbesessen greift er sich nun sogar Christen, weil entsprechend meinen bereits dargelegten psychologischen Erklärungsversuchen dieser Christ mit einem so genannten »Auslöser« verknüpft ist.

Ich frage mich deshalb, ob dieser Mann mit solchen Charakterzügen überhaupt für das Amt eines Bundespräsidenten geeignet ist. Auch denke ich, dass für einen Pastor solche Charaktere nicht dienlich sein dürften.

Andererseits beurteilt er (recherchiert) nationalsozialistisch getragene Handlungen mit Sanftmut, Verständnis und vergeben können d!

Dass der Bundespräsident auch noch als verheirateter Pastor in geradezu provozierender Weise sein persönliches Beziehungsverhältnis als Missachtung unserer Gebote unserem Volke und damit auch uns Christen über Presse und Fernsehen ständig pietätlos vorführt, sehen Sie, Frau Göring-Eckardt, vielleicht sogar als zusätzlichen Beweis für die von Ihnen so gewollte und gelobte *Meinungsstärke* dieses Mannes.

Und warum sagt dieser Bundespräsident als ein sich so aktiv für die persönliche Freiheit und Sicherheit unserer Bürger (Schorlemmer) sowie für den Schutz unserer Grundrechte Einsetzender trotz seines Amtseides und der zusätzlichen religiösen Beteuerung
» So wahr mir Gott helfe.«

fast nichts zu den bisher umfangreichsten Spionageaktivitäten in unserem Land durch die NSA ? Denn es betrifft nicht allein die Vergangenheit. Vielmehr geht es um die beeinflussbare Gegenwart !

Nach welchen Grundsätzen entscheidet dieser Mann in diesem Amt der Öffentlichkeit mitteilend, welcher Mensch, welche Menschengruppen und welche Ideologie unter Billigung unserer Kirche! (Römer 13,1,2) »gut oder böse« ist ? Unsere Kirche muss dem Leben von heute Zugang erlauben und sich gegenwärtiger zu beeinflussender Ursachen für das Schaffen von vorhersehbarem Unrecht und Leid stellen und mutig christlich aufrichtig reagieren.

Diese praktizierte Art eines »Christen« könnte projiziert auf unser geschichtlich überschwer belastetes Christentum Ansichten aufkommen lasen, uns Christen den Willen und die Fähigkeiten absprechen zu dürfen, Gutes tun zu können, aber auch zu bezweifeln, dazu fähig zu sein.

Zusammengefasst fehlt diesem Mann nach meiner Einschätzung die Fähigkeit, Politisches, Gesellschaftliches sachlich und neutral zu beurteilen. Seine fachlich analysierten Reden geben mir die Möglichkeit, unschwer zu erkennen, dass dieser mit Schläue, Charisma und rhetorischen Fähigkeiten versehene »Christ« mit Hilfe seines Amtes tendenziös hassgelenkt und dabei von der Kirche geschützt, unterstützt und dafür teilweise sogar gelobt Unchristliches und Antichristliches in das Volk streuen darf.

All das hat vermutlich viele Christen zum Nachdenken gebracht (Denn wer von uns Christen teilt seine Gedanken schon so ausführlich wie in diesem Brief mit?).

Und ich habe Sorgen, dass die Austrittstendenz dadurch weiter be-einflusst werden könnte.

Wenn ich in meinem Glauben nicht so gefestigt wäre, hätte mich Ihr für mich nicht nachvollziehbares Verhalten und das von Herrn Bundespräsident Pastor Dr. Gauck und das von Herrn Dr. Nikolaus Schneider, dem ehemaligen Ratsvorsitzenden der EKD, dazu bringen können, die Kirche zu verlassen.

Mit der Hoffnung, dass Sie mir helfen können,
grüße ich Sie
Dr. Gerhard Heine